Sie lachen trotzdem
Die Faszination alter Menschen

Von Marco Heinz

Herstellung: Books on Demand GmbH
ISBN: 3-8330-0564-5

Das Band zur Welt

Das Gebäude steht wie ein Wächter am Rande einer Siedlung. Von weitem führen Straßen, Fahrradwege und Schienenstrang sternförmig auf dieses Hochhaus zu. Kein Pendler auf den vielfrequentierten Verkehrsachsen kann sich einem Blick auf den wuchtigen grauen Quader entziehen. Dreizehn Stockwerke sind soldatisch gleich mit Fensterreihen und grünen Balkonen durchzogen. Hierauf beschränkt sich fast immer die Wahrnehmung von Tausenden, die täglich hier vorüberhetzen. Nur hin und wieder pickt sich das Auge eines Fahrgastes der Stadtbahn die geringen Zeichen individuellen Gestaltens an der Hausfront heraus, die Markisen, Sonnenschirme und Blumenkästen. Lächerliche Spuren des Lebens sind das, wo doch mehr als hundert Menschen da drinnen im Hochhaus lachen und weinen. Heerscharen von Träumen werden hinter der grauen Front geträumt, Hoffnungen gebaut und Tiefschläge verdaut, Gedanken geschmiedet, so zahlreich wie Sterne am Himmel. Es wird dort geliebt und gezerft, geschwiegen, geplappert, gedacht und geredet, gespielt und philosophiert. Man ist im Hochhaus einsam und gemeinsam, krank oder gesund, traurig oder froh, kurzum: Die Vielfalt des Lebens hinter solch einer Fassade ist mit allen Worten dieser Erde nicht nachzuzeichnen. Spannung läge im Kennenlernen nur eines Menschen im großen Haus. Es prickelt, wenn er die Fassade seiner Person zu öffnen beginnt. Bereichernd und lehrreich wäre solch eine Möglichkeit. Doch bietet sie sich nicht mehr oft heutzutage, und seltener noch wird sie genutzt. Schnelllebig, rational und oberflächlich ist das Dasein geworden. Ist eine Fassade grau, ist auch das Innere grau, so nehmen wir an, bei Häusern und auch bei Menschen. Auf diese Art glauben wir unsere Gedankenwelt noch ein Stück schlanker und praktischer gestalten zu können.
Herr Ludwig Borgholz ist einer der tausend Eiligen, die im Wagen am Hochhaus vorbeischnurren. Sechs Tage in der Woche ärgert er sich morgens und abends über die Radaranlage am Bahnübergang im Gebäudeschatten. An Tagen, die keiner mehr zählt, nahm er den immergleichen Weg, vielleicht dreieinhalb Jahre dürfte es her sein, dass er letztmals nach links abbog, um ins Hochhaus zu gehen und eine alte Dame im zwölften Stock zu besuchen. Früher war er mit ihr sehr vertraut, doch ist die Beziehung erkaltet. Ludwig Borgholz meinte irgendwann, die Frau spreche aus einer fremden Welt zu ihm, obgleich das schwäbisch gefärbte Hochdeutsch der beiden so ähnlich klang. Er glaubte nicht, dass ihm die Alte noch etwas Besonderers zu sagen habe. Seine Zeit war limitiert und sein Gewissen nicht besonders ausgeprägt.
Die Welt von Herrn Borgholz ist eine nervöse Welt. Er handelt mit Immobilien, spekuliert an der Börse und springt von Büro zu Büro. Aufgeregt und ungesund lebt er in unregelmäßigen Takt. Wechsel ist seine Kontinuität, Wechsel von Wohnort zu Wohnort, von Job zu Job, von Liebschaft zu Lebensabschnittspartnerschaft. Ist der Kontostand hoch, fühlt er sich leichter, sind die Kurse im Keller, fühlt er sich schwerer. Richtig froh ist er selten einmal,

doch mag er sich das nicht eingestehen. Sein Wagen ist groß, seine Penthousewohnung mondän, Kleider und Figur der Lebensabschnittspartnerin sind repräsentativ. Da ist nichts auszusetzen. Manchmal aber, wenn ihn tags der Magen quält, oder er abends ein Glas zu viel genommen hat, denkt er noch ans zerbrochene Verhältnis zur alten Frau im Hochhaus. Das Leben ist hart, nach seiner Überzeugung heutzutage härter als es jemals gewesen sein kann. Im Business wird mit harten Bandagen gekämpft, die technischen Mittel und das Vokabular des Geschäfts unterliegen innerhalb kürzester Zeit immensen Veränderungen, unaufhaltsam fließt der Informationsfluß, den er schlucken muß, will er nicht vom Tellerrand fallen. Was helfen da die Erfahrungen, Gedanken und Träume einer alten Frau?

Die alte Dame im zwölften Stock des Hochhauses heißt Rosalie Borgholz und ist die Mutter von Ludwig. Vor 15 Jahren (wo sind die geblieben? denkt Ludwig manchmal), als der Vater gestorben war, kaufte er mit Hilfe von Beziehungen dieses Appartement zu geschicktem Preis und brachte die Mutter dort unter. Anfangs hatte auch sein kleines Gewissen ein wenig bös geredet, weil es eine recht kleine Bude war. Ausgerechnet die Mutter selbst brachte seine leisen Bedenken zum Schweigen, weil sie so stark schien in ihrer Trauer und sich ihr neues Eigenreich mit detailvoller Liebe gestaltete. Zuversichtlich hantierte sie bald wieder mit ihren geliebten Stricknadeln. Es war gut, die tief Getroffene so vorbildlich und mutig zu sehen. Ludwig aber hatte es nicht berührt. Seltener und seltener wurden seine Höflichkeitsbesuche, dreieinhalb Jahre nun hat er die kleine Wohnung nicht mehr betreten. Inzwischen hat er sein kleines Gewissen so abgetötet, dass er den Balkon der Mutter als einen von vielen soldatisch gleichen Balkonen sieht. Der Blitzkasten am Bahnübergang fesselt seine Konzentration viel stärker.

So kommt es, dass ihm der frisch entstandene rote Fleck am mittleren Balkon im zwölften Stock des Hochhauses keineswegs auffällt. Einen Meter breit ist er, von Tag zu Tag wächst er ein bißchen in die Länge. Bald ist ein Stückchen Blau daran angesetzt. Eines Tages ist der immer länger gewordene bunte Streifen nicht mehr zu übersehen, aber die Eiligen da unten schauen kaum hin. Was solls schon sein, ein Läufer vielleicht, der gelüftet werden muß. Doch ein zum Lüften gehängtes Stück wird bald eingeholt. Das bunte Etwas da oben bleibt beständig an seinem Platz, Tag für Tag bei Regen und Sonne. Und es wächst immer mehr. Am einzelnen Tag würde auch der aufmerksamste Beobachter das Wachstum nicht erkennen. Im Laufe mehrerer Tage bemerkt es aber mancher Spaziergänger auf den nahen Feldern. Eine ungeheuer fleißige Hand muß an diesem Wollstreifen Tag für Tag arbeiten. Sie bringt es so weit, dass davon geredet wird, denn ihr Handwerksstück hängt bald über den Balkon in Etage elf hinaus und nähert sich Etage zehn. Selbst eines bleibt nicht aus: Ludwig Borgholz kann seine Blicke dem Balkon der alten Dame nicht mehr entziehen.

„Mein Gott," denkt er und fährt seinen Wagen vor Schreck beinahe in die geschlossene Bahnschranke. Während die gelbe Bahn vorüberrauscht, starrt er wieder nach oben. Es ist wahr – mittlerer Balkon, zwölfter Stock – da wohnt Mutter Rosalie.

„Teufel, Teufel," presst er zwischen seinen Zähnen hindurch, „was macht sie da? Sie strickt einen Schal und hängt ihn über den Balkon, drei Etagen tief. Die Alte muß völlig durchgeknallt sein."

Jetzt wird er seine Zeit, so rar sie auch ist, opfern müssen, weil man die Sache abstellen muß. Eine alte Frau muß versteckt werden, sollte sie tatsächlich verrückt spielen. Er hat Kunden hier im Ort, große gute Kunden. Was ist, wenn man herausbekommt, dass die spinnige Strickerin seine Mutter ist? „Mann, das Gerede."

Es wird aufs Prestige gehen. Vor allem dann, wenn man ihm Schuld gibt, weil er sich nicht mehr gekümmert hat. „Wo hätte ich die Zeit hernehmen sollen?"

Nun wird jemand anderes die Alte unter Kontrolle halten müssen. Tut es ein Heimplatz oder landet sie in der Psychiatrie? Wo kann Ludwig ansetzen, beim Arzt, auf einem Amt? Man wird seine Mutter entmündigen müssen. Gibt es das überhaupt noch? Seit längerem nennt man das wohl Betreuung. Er hat es mal bruchstückhaft im Radio gehört, sich aber nie so genau damit befassen wollen.

„Das hat mir gerade noch gefehlt," denkt er.

Waren seine ersten Gedanken gar zu hektisch? Vielleicht gibt es noch einen anderen Ausweg, und die Sache verläuft im Sande. 83 Jahre ist die Mutter jetzt alt. Es könnte doch sein, dass sich die Sache unter den Teppich kehren läßt, bis die biologische Lösung eintritt. Inzwischen wird man mit der Frau zu reden haben. Der lange Schal muß weg vom Balkon, und sei es mit Gewalt.

Ludwig Borgholz tut den Schritt, vor dem er sich dreieinhalb Jahre lang gedrückt hat. Er biegt auf den Parkplatz des Hochhauses ein und verläßt den Wagen, um seine Mutter aufzusuchen. Flau ist es ihm dabei im Magen, doch die Angst vor einem geschäftsschädigenden Aufsehen treibt ihn an.

Er drückt auf die Klingel, die seinen Namen trägt, ein Mal, zwei Mal, drei Mal kurz und heftig, das vierte Mal läßt er den Daumen lange auf dem Knopf. Nichts passiert. Zornbebend tritt Ludwig mit dem Fuß gegen die große Briefkastenanlage. Dadurch trägt er sich Schmerzen im Fuß und die befremdeten Blicke einer Passantin ein. Peinlich berührt humpelt er zum Wagen.

„Verdammt, wie kommt man an die Alte ran?"

Ist sie weg, oder hat sie bloß nicht aufgemacht? Letzteres scheint wahrscheinlich, denn Rosalie Borgholz war schon vor dreieinhalb Jahren nicht mehr besonders mobil, wohl durch eine Arthrose, Ludwig weiß es nicht so genau.

„Der Arzt!" schießt es ihm durch den Kopf. Natürlich muß der Hausarzt erster Ansprechpartner sein. Aber auch das ist nicht so einfach. Dr. Thaler, der den kleinen Ludwig noch mit überdimensionalen Penecillinspritzen plagte, ist lange Jahre schon in Pension. An welchen Doktor wendet sich Mutter Rosalie inzwischen? Zuvor hat es den Sohn nie interessiert. Ein peinliches Fragespiel in den Praxen des Ortes steht ihm bevor.

Die Praxis von Dr. Rothmund liegt im Schatten des Hochhauses. Somit öffnet Ludwig diese Türe in berechtigter Hoffnung, seine Mutter müsse hier in Behandlung sein.

„Borgholz, mein Name," überfällt er die junge Arzthelferin hinter der Theke, „schauen Sie bitte gleich mal nach, ob meine Mutter hier in Behandlung ist! Borgholz, Rosalie Borgholz!"

Das Mädchen, am dritten Tag seiner Ausbildung, zögert. „Ich weiß nicht, ob ich das darf. Schweigeplicht, glaube ich..."

Die Augen von Ludwig Borgholz ziehen sich zusammen. „Nun mach schon!" herrscht er den schüchternen Lehrling an, „Borgholz, Rosalie Borgholz. Ich muß das wissen. Und dann brauche ich sofort ein Gespräch mit dem Arzt."

Das Mädchen wendet sich Hilfe suchend ihrer Kollegin zu. „Steffi? Darf ich...?"

Bevor Steffi, die am Computer sitzt, die Ohrstöpsel absetzen und antworten kann, kommt der junge Arzt aus der Türe des Sprechzimmers und beugt sich über eine Reihe von Rezepten, die auf der Theke ausgelegt sind.

„Dr. Rothmund?" bellt Ludwig Borgholz, kaum merklich sein Kopfnicken, als der Doktor aufblickt, „Ist meine Mutter ihre Patientin? Rosalie Borgholz?"

Die hellen Augen des Doktors werden kleiner. Irgend etwas gefällt ihm nicht an diesem Menschen. Über Ludwigs korrekt sitzendem dunklen Anzug mit gelber Krawatte schimmern die grünen Augen in einer Mischung von Nervosität, verholener Angst und Hochmut. Die Stimme klingt bestimmend und arrogant.

„Frau Borgholz?" fragt der Arzt kühl zurück, „Ist was mit ihr?"

„Sie kennen meine Mutter also?"

„Selbstverständlich kenne ich Frau Borgholz. Was ist, gibt es einen Notfall?"

„Notfall, was heißt Notfall? Ist ihnen nichts aufgefallen an meiner Mutter, haben sie nicht nach ihr geschaut?"

„Sprechen Sie leiser, die ganze Praxis hört zu! Und Diagnosen unterliegen der Schweigepflicht. Sagen Sie, ob es einen Notfall gibt! Dann ist jede Sekunde kostbar. Ansonsten bin ich zu sprechen, wenn sie an der Reihe sind. Ich habe das Wartezimmer voll."

„Mann Gottes," brüllt Ludwig Borgholz, „meine Alte spinnt."

„Wie reden Sie über Ihre Mutter?" echauffiert sich Dr. Rothmund. Mehr zu sich selbst murmelt er: „Frau Borgholz hat mir immer einen gesammelten Eindruck gemacht."

„Gesammelter Eindruck, pah," Ludwig Borgholz lacht böse, „einen Schal strickt sie, sinnlos, einen riesengroßen Schal. Er hängt über den Balkon drei Stockwerke tief."

„Das ist außergewöhnlich," räumt der Doktor ein, „aber noch lange kein Zeichen, dass jemand `spinnt´. Jetzt entschuldigen Sie mich!"

Dr. Rothmund wendet sich seinem Sprechzimmer zu. Ludwig bellt ihm hinterher: „Außerdem hat sie vorher nicht aufgemacht. Ich habe vier Mal geklingelt. Wenn sie bewußtlos oder tot in der Wohnung liegt, mache ich sie verantwortlich. Schaun Sie gefälligst nach ihr!"

Der Arzt, der schon die Türklinke in der Hand hatte, dreht sich langsam wieder um. „Wie haben Sie geklingelt?"

„Was soll das? Mit dem Finger natürlich."

„Ich meine in welchem Rhythmus?"

„Was reden Sie da? Sind Sie selber... . Ach, kommen Sie endlich! Sie tragen die Verantwortung, wenn es zu spät ist."

„Ich werde gleich kommen Herr Borgholz. Vorher kann ich ihnen jedoch zwei Diagnosen ihrer Mutter sagen."

„So? Jetzt plötzlich?"

„Oh ja, Ihre Mutter leidet an Vereinsammung und Vernachlässigung. Schlimme Krankheiten sind das. Und wenn jetzt die ganze Praxis zugehört hat, sind Sie der Blamierte. Wir werden gleich zum Hochhaus gehen. Aber nicht um ihretwillen, sondern um Ihrer Mutter willen. Warten Sie! Ich hole meinen Mantel."

Dr. Rothmund läuft gezielten Schrittes über den Parkplatz auf die mächtige Hochhausfassade zu. Aufgeregt springt Ludwig Borgholz neben ihm her. Er gestikuliert und stellt atemlos einen ganzen Schwall von Fragen: „Wie werden Sie vorgehen? Was können Sie feststellen? Welche Stellen müssen eingeschaltet werden? Ein Neurologe? Ein Notar? Ein Amtsrichter? Welches Heim können Sie empfehlen? Oder wird sie gar in die Psychiatrie müssen? Wie schnell bekomme ich Zugriff auf die Immobilie?"

„Moment, Herr Borgholz," bremst der Arzt, „eines nach dem anderen bitte! Außerdem bin ich nur der Doktor, sie sind der Sohn. Vielleicht sollte ich ihnen Mal ein paar Fragen stellen. Nimmt Ihre Mutter die Medizin noch regelmäßig?"

„Herrgott, wie soll ich das wissen?"

Dr. Rothmund grinst süffisant, während er die wenigen Treppen zur breiten Türe der Hochhausfront hinaufgeht. „Nun, als Sohn wäre es immerhin möglich, dass Sie es wissen."

Ludwig ist vor der Treppe stehengeblieben. „Soll das ein Verhör sein?" bäfft er, „schaun sie lieber nach der da oben! Heut Abend werde ich anrufen und fragen, was ist."

Hastig, wie von einer plötzlichen Angst gepackt, läuft er zu seinem Wagen.

„Aber Herr Borgholz," ruft ihm der verblüffte Arzt hinterher, „wollen Sie nicht mit hinauf kommen. Grad waren Sie noch so besorgt. Es ist Ihre..."

„Ich bin's gewöhnt Arbeit und Probleme zu delegieren," unterbricht ihn Ludwig höhnisch. Dann wirft er die Wagentüre zu.

„Arschloch," zischt Dr. Rothmund. Viele haben schon so über Ludwig Borgholz geschimpft. Die Bezeichnung ist stets die gleiche gewesen dabei, ob beim Bauarbeiter oder beim Akademiker.

Dr. Rothmund betätigt die Klingel der Rosalie Borgholz, zwei Mal lang, zwei Mal kurz – das Klingelzeichen für alle, die der alten Dame vertraut sind.

„Ja, bitte," scheppert es nach einer ganzen Weile durch die Sprechanlage.

„Dr. Rothmund hier."

„Ah, Herr Doktor, ungewöhnlich montags um diese Zeit. Freut mich aber... . Kommen Sie rauf!"

Der Arzt mag die Stimme von Frau Rosalie, die dunkel und schon ein wenig gebrochen, aber auch freundlich und samten klingt. Er betätigt den Türknopf.
Oft schon hat er Rosalie Borgholz besucht, doch heute ist es anders als sonst. Ist sie tatsächlich nicht mehr die, die sie früher war? Vielleicht hat es einen banalen Grund, dass sie einen langen Schal strickt, der schon über drei Balkone hängt. Aber er kann sich keinen denken. Vielleicht hat er sich geirrt, als er immer so zufrieden mit der dem körperlichen und geistigen Zustand der Frau Borgholz war. Auch Ärzte unterliegen heute immer größerem materiellem und zeitlichem Druck. Nicht selten mußte Dr. Rothmund schon körperliche Symptome therapieren, die ihre eigentliche Ursache in der Tiefe der Seele hatten. Ist ihm bei Frau Borgholz etwas entgangen? Ein Arzt ist auch nur ein Mensch. Dr. Rothmund kann sich Irrtümer verzeihen. Aber diesem jungen Borgholz Recht geben und vielleicht zu Diensten sein zu müssen, bei der Absicht, seine Mutter aus ihrer Welt zu drängen, das träfe ihn hart. Im Aufzug zum zwölften Stock geht ihm eine lange Reihe von psychischen und demenziellen Erkrankungen durch den Kopf. Nichts davon will auf Frau Borgholz passen. Warum nur strickt sie diesen ausergewöhnlichen Schal?
Die Wohnungstür geht auf, der Geruch von Kernseife steigt dem Doktor in die Nase. Klein und gebeugt steht Rosalie Borgholz vor ihm. Die langen grauen Haare hat sie streng nach hinten gekämmt und zu einem Knoten gebunden. Ein schlichtes hellblaues Kleid trägt sie und eine weinrote Küchenschürze darüber. In der linken Hand hält sie ihren Gehstock. Die Füße stecken in blauen ortophädischen Schuhen mit Klettverschluß.
Sie hat die Augenfarbe ihres Sohnes, denkt Dr. Rothmund, aber der Blick ist ganz anders, so viel wärmer.
Es ist ihm, als forschten diese Augen ein wenig ängstlich nach dem Grund seines Kommens. Aber auch einen Anflug von Ironie liest er darin. Mit schwachem Druck umfaßt ihre lederne Hand die seine.
„Guten Tag, Herr Doktor, kommen sie rein, kommen sie rein!"
„Guten Tag, Frau Borgholz."
Auf ihren Stock gestützt, das linke Bein leicht nachziehend, schlürft die alte Dame durch den kurzen fensterlosen Gang. Links ist die Türe zum Bad, rechts steht der alte, von Hand bemalte Bauernschrank. Seine Grundfarbe ist himmelblau, an jeder Türe ist ein gelbes Oval mit liebevoll aufgemalten Rosensträußen in braunen Vasen. Das Wohnzimmer wirkt einigermaßen großzügig, doch ist es der einzige große Raum, Wohn- und Schlafstatt der Rosalie Borgholz. Links an der Wand steht das klobige breite Bett, das wie alle Möbel hier aus dunklem Eichenholz gefertigt ist. Die Steppdecke darauf ist rostrot überzogen. An der Wand darüber hängen große Ölbilder, eines vom Watzmann mit Königssee und Sankt Bartholomä, das andere von einer Dreimastbark, die sich auf rauer See verzweifelt in den Wind lehnt. In der Mitte des Raumes steht der mächtige, solide Eichentisch mit vier Stühlen rundum, deren Beine sich nach oben und unten verjüngen. In die breiten Lehnen ist jeweils ein sternförmiges Loch gesägt. Die rechte Wand ist völlig ausgefüllt

vom Kleiderschrank und Rosalies großer Bücherwand. Schon oft haben Dr. Rothmunds Augen die leinenen Bücherrücken gestreift, deren alte Schrift er nur schwer entziffern kann. Der leicht moderige Geruch dieser Wälzer erscheint ihm als Boote einer verflossenen Zeit, doch schlägt die reiche Sammlung den Bogen zur Gegenwart durch zeitlose Bildbände, Romane moderner Autoren und Biographien aktueller Prominenz aus Kunst und Politik. Vor dem großen Fenster, das mit der Balkontüre eine gläserne, von Gardinen verhangene Front bildet, steht neben dem alten Radio eine hölzerne Truhe, fast einer Schatztruhe gleich. Darauf sitzen eine Schildkrötpuppe, zwei Puppen in schwarzwälder und holländischer Tracht, so wie ein orginal Steiff- Teddybär. Links neben dem Eingang hat Frau Borgholz ein kleines Radio auf ein schwarzes Tischlein gesetzt. Daneben ist − man sieht sie erst, wenn man tiefer ins Zimmer eingetreten ist - die kleine Küchennische mit Kühlschrank, Spüle und Geschirrschrank. Auf dem Herd brodelt ein Topf leise vor sich hin.

Dr. Rothmund blickt sich um. Nichts hat sich an diesem kleinen Reich geändert seit seinem letzten Besuch vor einer Woche. Zwar hängt eine Schranktüre etwas schief und an mancher Ecke wellt sich die Tapete schon ein wenig. Doch ist es nirgends staubig, der Parkettboden ist blank, der Teppich gesaugt. Die Glieder der Puppen und des Teddybären sind mit rührender Detailverliebtheit zurechtgebogen, so dass für eine Sekunde der Eindruck entsteht, als würde dieses Spielzeug zum Leben erwachen.

Es ist ein kleines enges Reich, liebevoll eingerichtet und von einer Hand gepflegt, die wohl schon ein wenig von ihrer Geschicklichkeit aber nichts von ihrer Sorgfalt verloren hat. Frau Borgholz scheint ihm eine zufriedene Königin in ihrem kleinem Reich zu sein. Das hat ihn stets gefreut und bewegt. Und doch kann es sein, dass heute gerade er aus beruflicher Verantwortung heraus den ersten Anlaß zum Fall dieses Königinenreiches geben muß. Was soll werden, wenn Frau Borgholz wirklich wirr oder vergesslich geworden ist? Er schaut zum Balkon, aber dicke Gardinen versperren den Blick. Nun, der wollene Schal da draußen wird niemandem schaden. Was aber ist, wenn sie die Herdplatte vergißt und ein Feuer auslöst in diesem gigantischen Wohnblock? Es wäre nicht auszudenken. Unwillkürlich schaut er hinüber zum Herd.

Es ist dem jungen Arzt, als habe die alte Dame genau seine Blicke verfolgt, und wieder schaut sie ironisch und ängstlich zugleich drein.

„Entschuldigen Sie den überraschenden Überfall, Frau Borgholz. Ich war zufällig in der Nähe. Und Morgen, an meinem üblichen Besuchstag wartet eine Fortbildung auf mich.“

Ein unmerkliches Zucken umspielt die Mundwinkel der Rosalie Borgholz.

„Sie sind immer willkommen, Herr Doktor. Für mich ist ein Tag wie der andere. Besuch ist eine große Sache für mich alte Frau, egal ob´s der Arzt ist oder sonst irgendwer. Sie wollen sicher nach meinem Blutdruck sehen. Machen Sie doch immer! Aber halt! Zuerst muß ich den Topf vom Herd nehmen. Nicht, dass mir was verkocht − oder gar Schlimmeres passiert.“

„Nur zu, Frau Borgholz. Darf man erfahren, was Sie sich da kochen?“

Die alte Frau schleppt sich zum Herd, zieht den Topf von der Kochplatte und rührt ein wenig darin herum. Dann dreht sie den Kopf. Die grünen Augen suchen die des Arztes.

„Gaisburger Marsch ist es," antwortet sie ihm, „Sie wissen ja: Kartoffelschnitz und Spätzle esset meine Kätzle."

„Entschuldigen Sie meine Neugier, Frau Borgholz," fragt der Doktor ein wenig zögernd, „mich würde auch interessieren, was es gestern bei ihnen gegeben hat."

„Das war etwas von auswärts," schmunzelt die alte Dame, „ italienische Spagghetti mit Hackfleisch und Tomatensoße. Kann ich auch kochen. Man lernt ja gern dazu. Damit soll man auch im Alter nicht aufhören. Das sehen Sie doch auch so, Herr Doktor?"

Sie hat den Topf vom Herd gezogen und die Platte abgestellt. Jetzt geht sie zum Sofa, nimmt Platz und krempelt ihren linken Ärmel auf.

„Natürlich," bestätigt der Arzt, „nichts höre ich lieber als das."

Er mißt Blutdruck an Frau Borgholz linkem Arm, routiniert und ein wenig hastig, weil er eigentlich aus ganz anderem Grund gekommen ist.

„145 zu 70," sagt er leichthin und packt das Meßgerät in seinen Koffer, „für ihr Alter ein ordentlicher Wert, Frau Borgholz."

„Schon, Herr Doktor. Aber normal ist er noch besser. Ich bin grad etwas nervös."

„Nervös? Gibt es einen Grund dafür, den Sie mir sagen können."

„Nicht so recht, Herr Doktor. Haben Sie das nicht auch manchmal, dass Sie innerlich unruhig sind und nicht so recht den Grund wissen?"

„Es mag vorkommen, Frau Borgholz. Haben Sie das öfters?"

„Öfters? Nun ein Wunder wäre es wohl nicht. In dieser Welt gibt es so viel, was einen geradezu verrückt machen könnte. Das hab ich jetzt acht Jahrzehnte lang erlebt. Aber, wenns vielleicht manchen wundert, auch mich selbst: Oft bin ich nicht nervös. Nein, ich glaube, ich habe ziemlich meine Mitte gefunden."

Der Arzt nickt zufrieden. „Schön Frau Borgholz. Wie steht es eigentlich mit ihren Medikamenten? Brauchen Sie ein Rezept?"

Ein feines Lächeln umspielt Rosalies Lippen. Wieder glaubt Dr. Rothmund diese wunderliche Mischung aus leichtem Spott und heimlicher Furcht darin zu lesen. „Ich hab noch von allem genug. Viel ist es ja zum Glück nicht, was ich nehmen muß. Würde ich eigentlich auch nicht wollen. Die Digitalis fürs Herz, seit 15 Jahren nehm ich die jetzt schon. Dann die Schmerztabletten wegen der Arthrose, ach die verdammte Arthrose... . Warten Sie, ich zeig ihnen, wie ich sie gerichtet habe. Haben Sie als Arzt doch ein Recht darauf, das zu kontrollieren. Die Krankenkassen schauen doch auch immer schärfer auf Sie. Die haben alle kein Geld mehr, wie man so hört."

Sie erhebt sich und geht mühevoll die paar Schritte zum Fensterbrett. Dort nimmt sie einen weißen Medikamentensortierer auf.

„Sehen Sie, Herr Doktor! Morgens die kleine Weiße, mittags zum Glück nichts, von den Orangenen morgens eine Ganze und abends eine Halbe. Würd ich auch gerne weniger nehmen. Hab arg Angst vor den Nebenwirkungen. Nein, diesen

Beipackzettel hätte ich am besten gar nicht gelesen. Aber Sie haben gesagt, ich solle lieber einen gewissen Medikamentenspiegel halten, weils am Ende doch weniger ist, als wenn ich warten würde, bis der Schmerz so richtig kommt. Dann kann man ihn nicht mehr totschlucken. Ja, da vertrau ich ihnen, junger Mann. Wir haben Sie doch von unserem Geld studieren lassen. Außerdem war da mal ein Artikel in der Zeitung. Da stands ganz ähnlich drin."
Dr Rothmund ist beeindruckt. Er bilanziert zufrieden: „Sie kochen selbst, sie richten die Medikamente selbst und ganz schön beredt sind Sie auch, Frau Borgholz. Mein Kompliment, das hat man nicht immer in Ihrem Alter."
„Dreiundachtzig Jahre habe ich auf dem Buckel. Eine schöne Latte ist das, nicht wahr?"
„Und beinahe ists, als bräuchten sie keinen Arzt. Ich kann ganz beruhigt wieder gehen."
„Sie wollen schon gehen, Herr Doktor? Ach, ich hätte mich so gerne noch mit ihnen unterhalten."
„Ich wüßte nichts, was ich lieber täte. Aber mein Wartezimmer ist voll. Wenn Sie einmal gesehen haben, was die Leute anstellen, wenn sie mal fünf Minuten in einer Kassenschlange stehen, wissen Sie, was mich gleich erwartet."
„Ich kenne die Leute, Herr Doktor. Alte Frauen schreien meist nicht so laut wie andere. Deshalb werden sie auch kaum beachtet."
„Ehrlich, Frau Borgholz, ich würde noch bleiben, wenn das ginge. Aber es kann ein echter Notfall warten, der mich dringend braucht."
„Das muß ich gelten lassen Herr Doktor." Enttäuscht senkt sie den Kopf, was den Arzt tief berührt.
„Wissen Sie was?" tröstet er, „Donnerstag Nachmittag ist meine Praxis zu. Da werde ich wieder kommen. So Gott will, und keiner Atemnot oder sonst etwas Schlimmes bekommt, werde ich mehr für Sie Zeit haben."
„Gott gebs Herr Doktor. Ich werde auf Sie warten. Übrigens weiß ich genau, wer Sie geschickt hat, so dass Sie heute gekommen sind, während das Wartezimmer voll ist."
„Wer mich geschickt hat? Wie meinen Sie das, Frau Borgholz?"
„Sie habens doch eilig, junger Mann. Ich sags Ihnen am Donnerstag. Jetzt halten Sie mich in Spannung für die nächsten drei Tage und ich Sie. Wir sind also quitt, Herr Doktor."
Doktor Rothmund hätte gerne nachgehakt. Wie will die alte Dame wissen, wer ihn geschickt hat? Aber er gibt sich die Blöße nicht und verabschiedet sich. Schließlich hat er es wahrhaftig eilig.
Am selben Abend stellt die Sprechstundenhilfe Steffi ein Gepräch ins Arztzimmer. Aus der Sprechmuschel scheppert die Stimme von Ludwig Borgholz.
„Hören Sie, Herr Borgholz!" gibt Dr. Rothmund in beruhigendem Ton zurück, „ich habe getan, was ich tun mußte. In kurzer Zeit konnte ich feststellen, dass Ihre Mutter vollkommen orientiert ist, einen ordentlichen Blutdruck hat und ihre Medizin regelmäßig einnimmt. Es liegt also kein Notfall vor."

„Aber der verdammte Schal," schimpft Ludwig, „die Alte muß doch abgedreht sein."

„Hörn Sie jetzt mal ruhig zu! Ich will mich nicht über Ihre Ausdrucksweise Ihrer Mutter gegenüber äußern. Das mit dem Schal werde ich bei einem zweiten Besuch am Donnerstag erfahren. So viel Zeit war heute wirklich nicht. Aber selbst wenn ihre Mutter `abgedreht´ wäre, was ich eigentlich ausschließen möchte, gäbe es nicht mehr die Möglichkeit, Frau Borgholz zu entmündigen, wie Sie sich das vielleicht vorstellen. Wenn ihre Mutter die persönlichen Angelegenheiten nicht mehr selber regeln könnte, müßte man eine Anregung zur Betreuung beim Notariat einbringen. Der Notar würde sich durch einen Besuch bei Ihrer Mutter von der Notwendigkeit der Betreuung überzeugen. Zudem würde ein Arzt des Gesundheitsamtes hinzugezogen. Dann erst könnte eine gesetzliche Betreuung eingeleitet werden. Man müßte aber genau festlegen, in welchen Angelegenheiten der Betreuer tätig werden muß. Und dann würde der geeignete Betreuer gesucht, wobei Ihre Mutter durchaus ein Wort mitzureden hätte. Ich weiß nicht, ob Frau Borgholz unter den jetzigen Umständen ihren Sohn einsetzen ließe. Für Sie führt kein Weg daran vorbei, wieder ein Vertrauensverhältnis zu ihrer Mutter aufzubauen."

„Muß ich mir das von Ihnen anhören? Guten Abend." Abrupt beendet Ludwig Borgholz das Gespräch.

Frau Rosalie schläft drei Nächte lang sehr unruhig. Donnerstag Nachmittag versucht sie zu lesen. Aber sie kann sich nicht konzentrieren. Unwillkürlich dreht sie den Kopf wieder und wieder zur Eingangstüre. Endlich – das Klingelzeichen: zwei Mal lang, zwei Mal kurz. Schneller als sonst schleppt sich Rosalie Borgholz zur Türe. Eine kleine Weile später steht Sie dort Dr. Rothmund gegenüber.

„Herr Doktor, Herr Doktor, sie sind tatsächlich gekommen."

„Aber natürlich, gerne bin ich gekommen," lacht der junge Arzt, „als ich Ihnen vor drei Tagen so zuhörte, da bekam ich fast schon Lust auf das eigene Alter."

Rosalie Borgholz hinkt ins Wohnzimmer, nimmt auf dem Sofa Platz und deutet auf einen der Stühle, auf dem sich der Doktor niederläßt.

„Wenn nur die Arthrose nicht wäre, die verdammte Arthrose," antwortet sie, „da könnte ich mich tatsächlich ziemlich wohl fühlen. Nun ja, jeder trägt sein Päckchen, auch Jüngere wohl... ."

„Sie verbringen Ihren Tag sicher anders als wir jungen Leute. Wollen Sie mir sagen, was Sie im Einzelnen so tun, Frau Borgholz?"

Sie verzieht ihr Gesicht zu einem faltigen Grinsen. „Gern erzähle ich einmal jemandem von mir. Aufgezählt, was meinen Tag so ausfüllt, habe ich schnell, Herr Doktor. Eine alte Frau bringt nicht mehr so viele Tätigkeiten nacheinander zusammen, wie ihr das heute so gewöhnt seid. Ich muß mich dem Einzelnen widmen und vor allem für alles viel Zeit haben. Sonst bleiben meine Gedanken nicht mehr so recht beisammen. Manchmal glaube ich, ich müsste mir morgens einen richtigen Stundenplan schreiben, so wie wir ihn aus der Schule kennen. Es geht aber noch ohne. Aber denken Sie bloß nicht, mein Tag wäre ärmer. Die

einzelne Verrichtung gewinnt bei mir an Wichtigkeit, an Sorgfalt, ja sogar an Kraft. Fangen wir morgens an, so um halb acht steh ich auf, richte mich und mache mein Bett. Dann nehme ich mir viel Zeit für mein Frühstück. Man soll ja langsam essen. Das ist gesünder. Sagen Sie doch auch als Arzt? Dann mach ich schon mal Ordnung im Zimmer. Die richtige Hausarbeit hat zwar Zeit bis am Nachmittag, aber es ist kein schlechtes Gefühl, wenn man schon morgens etwas getan hat. Ja, und dann kommt der gemütliche Teil. Wenn es draußen trüb ist, lese ich. Ansonsten betrachte da ein bißchen die Welt. Von meinem Adlerhorst kann ich ja weit hinausschauen. Ihr jungen Leute glaubt wohl, es sei langweilig und überflüssig, wenn jemand sich Zeit nimmt für stille Betrachtungen."
„Würde ich nicht unbedingt so sehen, Frau Borgholz. Wollen Sie mir auch ein wenig von dem erzählen, was sie so betrachten?"
„Nun, an klaren Tagen schaue ich hinaus auf die `Blaue Mauer´. Sagt Ihnen diese Bezeichnung etwas, Herr Doktor?"
„Ist von Mörike, wenn ich mich nicht täusche."
„Nicht schlecht junger Mann, nicht schlecht. Sie wissen wahrhaft nicht nur über Ihre Pillen bescheid. Seinen Schuster, den `Seppe´, hat er im `Hutzelmännlein´ von der Oberensinger Höhe hinaus schauen lassen. Er fand, dass `in allen deutschen Landen möge wohl Herrlicheres nicht viel zu finden sein, als dies Gebirg, zur Sommerszeit, und diese weite gesegnete Gegend´. Ja, beim Anblick der Alb lässt er des `Seppes´ Seele gesunden. Was ist die Alb für ein Segen für die Seele, wenn man Sie so vor Augen hat, wie ich von hier oben. Gerade jetzt im Herbst werden wieder Föhntage kommen, an denen man jeden Baum einzeln unterscheiden kann. Mir scheint diese langgestreckte Bergkette wie ein übergroßer blauer Diamant, und wenn ein besonderes Licht ist, dann ist mir´s als würde in diesem Edelstein ein Feuer brennen, das ihn färbt in violett, in orange, in rot, manchmal auch in all den Farben zusammen. Ja, was ist das für ein Zauber. Und was ist das für eine Phantasie einer alten Frau, die das so empfindet? Schüttelt Ihr den Kopf über sie? Runzelt Ihr die Stirn, weil Ihr sie nicht versteht? Früher brauchte ich keine Phantasie, um über die Alb zu streifen. Da sind wir hingereist, mein Herbert und ich, so oft wir konnten. Und wir waren glücklich dabei. Heute finden die Leute wohl, man sei irgendwie unterpriviligiert, wenn man auf der Alb Urlaub macht. Schaun Sie da hinaus zum Flughafen! Es werden immer mehr Flieger. Die Leute scheinen zu glauben, man kann erst auf der anderen Hälfte der Welt etwas erleben. Wenn man da ab und zu mal hinfliegt, soll es mir recht sein. Aber jedes Jahr ein Flugzeugurlaub oder sogar mehrmals im Jahr. Da sind materielle Denkweisen im Spiel, die scheinen mir krank zu sein. Dass die Unwetter immer mehr werden auf der Welt, und die Naturkatastrophen, das halte ich nicht für Zufall. Ich glaube, der Mensch ist seines Unglückes Schmied. Oder wie sehen Sie das, Herr Doktor?"
Der Arzt nickt. „Sie mögen schon Recht haben, Frau Borgholz. Vor allem sind Sie auf Höhe der Zeit. Und dieses Zitat von Mörike? War das auswendig hergesagt?"

„Oh, das war noch gar nichts, junger Mann. Ellenlange Gedichte haben wir früher lernen müssen. Heut kann ich sie fast besser als damals. Aber dafür werden jetzt kaum die Zeit mitgebracht haben."
„Vielleicht sollten Sie mir eher sagen, was Sie sonst noch für Betrachtungen anstellen. Das interessiert mich wirklich, Frau Borgholz."
„Es gibt so vieles, was ich von der Welt sehe, auch wenn ich kaum mehr mobil bin wegen der Arthrose. Es hat schon seinen Vorteil, wenn man in einem Adlerorst wohnt. Lassen Sie mich halt ein paar wichtige Dinge herausgreifen. Was könnte spannend sein? Vielleicht die Autoschlangen, immer längere, immer schnellere Autoschlangen? Tags sehe ich tausend bunte kleine Wagen wie Spielzeug unter mir, nachts sind's Lichterketten in rot und weiß. Ich glaube, da würde keiner mehr bremsen, wenn die Straße nicht so oft verstopft wäre. Denen wär's wahrscheinlich recht, wenn die Straßen noch breiter gebaut würden, damit sie noch flotter vorankommen. Wenn kein Stück Acker mehr übrig bleibt, wäre es ihnen auch egal. Am liebsten würden die da unten wahrscheinlich an zwei Orten gleichzeitig sein. Dabei hat ein Zwischenweg auch seinen Sinn. Aber wer fragt schon nach der Meinung einer alten Frau? Außerdem sitzt in den Autos meist nur einer. Das erkenn ich sogar noch von hier oben, selbst, wenn ich nicht mehr die Augen eines Adlers habe. Immer anonymer rasen sie aneinander vorbei. Ich glaube das sagt viel über die Art, wie sie leben. Ach, da gibt's Schöneres zu sehen. Den Wolken schau ich zu. Manchmal sehe ich Figuren in den Wolkenbildern. Aber nicht falsch denken von mir, Herr Doktor. Das ist keine Spinnerei, das ist gut gegen Eintönigkeit. Und wenn die Wolken jagen..., jetzt im Herbst werden wieder die Stürme kommen. Da meinen Sie hier oben, das Haus würde wanken. Nachbarn haben mir erzählt, sie hätten Angst davor. Aber ich habe keine Angst. Im Gegenteil, da beginne ich vor Freude zu tanzen. Früher hat mein Herbert mit mir getanzt! Wer tuts heute noch? Also tanzt die Rosalie mit dem Wind. Das macht Spaß. Sie dürfen sich nicht wundern darüber. Still betrachten kann ich aber auch. Und wissen Sie, wann am liebsten? Manchmal wache ich auf so gegen vier in der Früh – ein alter Mensch braucht nicht mehr so viel Schlaf. Da setze ich mich ein Viertelstündchen ans Fenster. Das ist unglaublich beruhigend. Da fährt die Bahn noch nicht und kaum ein Auto. Die Lichter sind weniger geworden und es ist manchmal noch vollkommen still. Der Morgennebel beginnt aus den Feldern zu steigen. Da drüben im Körschtal hängt er meistens am dichtesten. Zu solcher Stunde ist es richtig romantisch. Das gibt's auch in einem plumpen Hochhaus. Man muß nur wissen wann. Zu dieser Zeit kann man sich Geschichten ausdenken, richtig märchenhafte von edlen Rittern, holden Jungfrauen und finsteren Räubern. Man braucht wirklich nicht viel, sein Leben bunt zu gestalten. Glaubt man mir das heute noch? Wahrlich, es fehlt mir nicht viel... ."
„Sie hören aber auch Radio."
„Sicher, Herr Doktor. Nur läuft es nicht als Dauerberieselung. Aber ich will schon noch auf dem Laufenden sein, was so vor sich geht in der Welt."

Doktor Rothmund schaut sie noch direkter, noch neugieriger an als zu Beginn seiner Visite. „Was fanden sie am Bedeutungsvollsten in dieser Woche?"

„Nichts Schönes," belehrt ihn die alte Dame, „wir werden ja überschwemmt mit bösen Meldungen. Ich glaube eigentlich nicht, dass die Welt irgendwann besser war. Aber früher hat man nicht so viel erfahren. Lassen Sie mich überlegen... Erdbeben war nicht, neuer Krieg ist nirgends ausgebrochen, oder doch? Sind wir schon zu abgestumpft? Da war diese Geiselnahme in der Bank in Dortmund, brr... habe ich weggeschaltet. Der Verteidigungsminister ist zurückgetreten, dieser Stadelmeier. Ein bißchen brottrocken war er wohl, der Kerl. Und einiges geleistet hat er sich auch: Badeurlaub mit der neuen Freundin auf Mallorca - groß in der Zeitung, während er Soldaten auf den Balkan schicken muß. Ach, ich habe sowieso ein bißchen Schwierigkeiten mit seinem Amt. Warum fragt man meine Generation nicht mehr nach ihren Erfahrungen? Wir kennen fürchterliche Details über den Krieg, die jenseits sind von gut oder böse."

„Möglicherweise würde man mehr auf Sie hören, wenn Sie nur besser auf Menschen zu gehen würden, aber Sie kommen kaum mehr raus aus ihrer Wohnung, nicht wahr?"

„Hin und wieder ein kleiner Spaziergang. Mehr läßt die Arthrose nicht zu."

„Und wer besucht Sie, Frau Borgholz? Haben Sie genug Ansprache?"

„Da haben Sie den wunden Punkt getroffen, Herr Doktor. Ganz vor der Welt versteckt bin ich hier drinnen nicht, ein wenig Ansprache habe ich. In kurzes Gespräch mit einer Nachbarin hin und wieder, wenn mal eine stehen bleibt. Aber es könnte mehr sein, wahrlich es könnte mehr sein. Da ist noch die Ines, eine Studentin. Die macht mir die Wohnung und kauft ein, einmal die Woche. Sie bessert sich ein wenig das Taschengeld auf dadurch. Ein bißchen reden tun wir auch. Ich glaube, sie ist frisch verliebt. Aber darüber läßt sie sich nicht so richtig aus. Ist ja auch verständlich. Aber ich bin halt neugierig. Gelernt habe ich von ihr nicht nur das Spaghettikochen. Wenn ein Lehrer heutzutage als ʹvoll fettʹ bezeichnet wird, dann heißt das nicht, dass er einen dicken Bauch hat. Es bedeutet einfach, er ist ein netter Kerl. Nicht schlecht, was Herr Doktor? Rosalie Borgholz spricht ein bißchen die Sprache der Jugend."

Das lachende Gesicht verzieht sich zu tausend Falten. Es sieht beinahe aus wie zerknülltes Papier. Dr. Rothmund ist, als habe er niemals zuvor solch ein schönes Lachen gesehen. Kurz lacht er mit, um dann sachlich weiter zu fragen: „Verwandtschaft haben sie keine in der Nähe?"

„Leider nicht Herr Doktor. Eine Schwester lebt noch in einem Pflegeheim in der Nähe von Ludwigsburg. Ja, wenn mich da mal einer hinbringen würde. Sie soll aber ziemlich hinfällig sein. Vielleicht ist tatsächlich besser, ich behalte sie so blühend in Erinnerung, wie ich sie zuletzt gesehen habe. Das Leben ist manchmal eine Kette von Abschieden. Schwer zu lernen, sag ich Ihnen, Herr Doktor. Schlimmster Abschied war der von meinem Ludwig. Und doch ist es vielleicht kein ewiger. Man lebt immer auch von der Hoffnung."

„Ludwig? Ihr Sohn?"

Wieder steigt Ironie in die Augen der Frau. Der Arzt spürt einen leichten Stich in der Magengrube, denn jetzt glaubt er eine sehr bittere Ironie zu erkennen.

„Kennen Sie Ihn nicht, Herr Doktor?" fragt Rosalie mit einem verborgenen Lauern in der Stimme, „Es sieht so aus, als ob er seine eigene Mutter nicht mehr kennt. Vor dreieinhalb Jahre ist er aus meiner Welt verschwunden, der eigene Sohn. Er ist nimmer gekommen, weiß der Teufel, was ich ihm getan habe. Entglitten ist er mir. Ich habe keine Telefonnummer, nichts mehr von ihm. Er verändert sich ja ständig. Keine Frau, keine Wohnung, kein Geschäft bleibt lange gleich. Manchmal schau ich hinunter auf die Straßen. Tausend Autos, und ich weiß in einem sitzt mein Ludwig, aber ich weiß nicht, fährt er jetzt ein rotes, ein grünes oder ein gelbes. Mein Herbert starb im Krankenhaus. Ich werde es nicht fertig bringen, zu schildern, wie schlimm es wirklich ist, den Partner zu verlieren. Aber ich habe ihn noch gesehen und später gab es einen Sarg und eine Beerdigung. Damit fing auch das Verarbeiten an. Aber was mein Ludwig macht: Die eigene Mutter vergessen und zur Seite drängen! Das kann ich nicht verarbeiten. Das einzige, was bleibt, ist die Hoffnung. Vielleicht war er diese Woche schon an der Haustüre. Eine Mutter, so hilflos sie auch scheint, ist nie vollkommen schwach. Irgendwann werde ich ihn locken."

Dr Rothmund ist irritiert.

„Sie meinen, er war da, Frau Borgholz?"

„Zumindest war einer da, der mein Klingelzeichen nicht kennt. Ich habe es eingeführt, weil ich so viel von Trickdieben gehört und gelesen habe. Dass aber der eigene Sohn nicht damit vertraut ist, peinlich, nicht wahr?"

„Das muß ihnen nicht peinlich sein Frau Borgholz," tröstet Dr. Rothmund. Lange schon steht sein Urteil fest: Diese alte Frau hat kein Demenzproblem. Außer einer gewissen Vereinsamung und dem Verlust der Mutter- Sohn Beziehung hat sie auch kein psychisches Problem. Dr. Rothmund hat einen äußerst symphatischen dreiundachzigjährigen Menschen vor sich, der selbstverständlich in der Lage ist, seinen Haushalt zu führen und alle persönlichen Angelegenheiten zu regeln. Nur die Sache mit dem Schal ist noch zu klären. Er ist überzeugt, es wird einen harmlosen Grund haben, dass sie ihn strickt. Beinahe schämt er sich, danach zu fragen. Aber er muss Ludwig Borgholz eine plausible Antwort geben, wenn der heute Abend wieder anruft. Einige Male hat er zum Balkon geschaut, aber durch die dicken Gardinen ist absolut nichts von dem Schal zu sehen. Der Arzt startet einen Versuch: „Sie haben vom Blick auf die Alb erzählt. Das hat mich neugierig gemacht. Darf ich auf ihren Balkon? Würden Sie mir die Alb zeigen?"

„Gerne." Rosalie Borgholz bläst ihre Backen auf, das Flimmern ihrer Augen ist ängstlich. „Jetzt wird mein Blutdruck höher sein als am Montag. In Wirklichkeit wollen Sie den Schal sehen, stimmt´s Herr Doktor?"

Dr Rothmund verliert fast die Fassung. „Den Schal?" fragt er zurück.

„Entschuldigen Sie, Herrr Doktor. Ich weiß schon die ganze Zeit, warum Sie gekommen sind. Man will prüfen, ob ich noch recht ticke. Das macht einen nervös. Bin zwar überzeugt, dass ich noch klar bin im Kopf. Aber so ganz genau

weiß man das ja selber nie. Wir hätten gleich deutlicher miteinander reden
können. Aber ich habe wenig Ansprache. Das Gespräch mit Ihnen habe ich sehr
genossen. Übrigens muß ich mein Rätsel vom Montag noch lösen. Es war ja
taktvoll von Ihnen, nicht danach zu fragen. Dabei ist es ganz einfach: Mein
Ludwig hat sie geschickt."
Dr. Rothmund weiß nicht, ist es Scharfsinn oder Zauberei, was ihm, dem
nüchtern denkenden Akademiker da entgegenschlägt. „Ludwig? Wer sagt Ihnen
das, Frau Borgholz?"
„Der Instinkt einer Mutter sagt mir das. Es ist nichts Übersinnliches. Er war am
Montag wirklich unten an der Tür. Ich kenne doch mein Kind. Wenn einer in der
Zeit, die eine alte Frau in einer kleinen Wohnung zum Türsprecher braucht, vier
Mal klingelt und schnell wieder verschwindet, dann kann das nur mein Ludwig
sein."
„Und Sie glauben, er habe mich geschickt?"
„Ist doch logisch, junger Mann. Ich weiß wie er handelt, eine Mutter weiß das.
Der hat meinen Schal gesehen und fühlt sich blamiert. Wird gedacht haben, die
Mutter tickt nicht mehr richtig. Ha, hat der eine Ahnung! Werden außer ihm
noch andere denken, aber die werden noch merken, dass man die Rosalie
Borgholz ernst nehmen muß. Der Ludwig wollte zu mir kommen. Aber er hat in
seiner Aufgeregtheit nicht mal gewartet, bis ich öffnen konnte. Nun, es hätte
vielleicht einen bösen Tanz gegeben, weil er meinen Schal hätte wegnehmen
wollen. Das hätte ich nicht zugelassen. So wär´s kein schönes Wiedersehen
geworden. Er wußte alleine nicht weiter. Das geht manchmal schnell bei
meinem Buben. Da hat er Hilfe gesucht. Was lag näher, als den Arzt zu
schicken? Vielleicht wollte er zuerst sogar mitgehen. Dann ist es ihm
eingefallen, dass er vor fremden Augen einer Mutter gegenüber steht, die ihm
böse sein könnte, weil er dreieinhalb Jahre verschwunden war. Wahrscheinlich
ist er dann zynisch geworden, mein Ludwig, und ist abgehauen. Ich kenn ihn
doch, ich kenn ihn doch. Er ist ein kleiner Feigling. Der tut nur immer so schroff
und stark."
Dr. Rothmund nickt. Er hat sich wieder gefaßt. Keine Zauberei hat ihn verblüfft,
sondern der Scharfblick eines erfahrenen Menschen. „Sie kennen ihn wirklich,
Frau Borgholz," sagt er fest, „es ist fast, als seien Sie am Montag dabei
gewesen."
„Ist keine Kunst, Herr Doktor, nur Mutterinstinkt. Jede Mutter könnte das. Und
jetzt will ich mal eine Lanze für meinen Ludwig brechen. Wissen Sie, er ist
nicht so schlecht, wie er scheint. Vieles ist Fassade. Er war immer ein kleiner,
schüchterner Junge. Oft ist er gehänselt worden. Vielleicht konnten wir ihn nicht
genug schützen mein Herbert und ich. Vielleicht müssen wir uns das vorwerfen.
Als er größer wurde, hat er sich einen Schutzmantel zugelegt, viel äußerer
Schein, derbes Auftreten mit einem Schuß Zynismus. Aber tief innen ist er noch
der schwache Knabe, ein ziemlich Sensibler. Ich liebe ihn immer noch. Dass er
mir eines Tages genug Zeit lässt, die Türe zu öffnen, ist meine größte
Hoffnung."

Dr. Rothmund nickt ihr zu. „Sie haben Grund zu dieser Hoffnung, Frau Borgholz. Und ich hoffe Sie sind mir nicht böse, dass zuerst ich gekommen bin."

„Sie tun Ihre Pflicht und das nicht schlecht! Es wäre ja wirklich schlimm, wenn die alte Rosalie nicht mehr recht beisammen wäre und irgendwas auf der Herdplatte vergessen würde, bis am Ende dieses ganze riesige Haus zur Fackel wird. Aber so weit ist es noch lange nicht. Das werden Sie hoffentlich gemerkt haben. Wie ist Ihr Urteil Herr Doktor? Bin ich noch recht im Kopf?"

„Mehr als das Frau Borgholz, mehr als das. Intelligent und geistreich sind Sie. Schon lange haben Sie mir das bewiesen, gleich bei meinem kurzen Besuch am Montag. Heute bin ich wirklich nur da, weil es Freude macht, Sie reden zu hören. Und ich finde, das sollten noch viele andere tun."

Befreit lacht die alte Dame auf.„Mein Schal ist die Aufforderung dazu.".„Den lass ich mir jetzt aber noch erklären. Ich bin sicher, da steckt ein wunderbarer Gedanke dahinter."

Rosalie Borgholz schiebt die schwere Gardine angestrengt zur Seite, öffnet die gläserne Türe und führt den Arzt auf den breiten Balkon. An einem alten Wäscheständer, der mit einem Strick am Balkongeländer verzurrt ist, hängt tatsächlich ein wollener Schal hinunter ins Ungewisse. Dr. Rothmund tritt vor und neigt sich über die Brüstung. Da baumelt das bunte wollene Band inzwischen vier Stockwerke tief. „Das hier ist mein Band zur Welt, Herr Doktor," verkündet Rosalie fast pathetisch, „wissen Sie, ich bin eine alte Frau, für die keiner sich mehr interessiert. Da unten ist eine lebendige Welt, die hastig an mir vorbeizieht. Ich will teilnehmen, ich habe was zu sagen. Aber man beachtet mich nicht. Durch die Arthrose bin ich kaum mehr mobil. Was ich noch habe sind gesunde Finger, die ihr Leben lang leidenschaftlich gestrickt haben. Mit diesen Fingern kann ich die Aufmerksamkeit der Welt auf mich lenken. Irgendwie muß das doch gehen. So stricke ich einen Schal immer weiter auf den Boden zu. Man muß ihn sehen in den Bahnen, in den Autos, ja sogar aus dem Flugzeug. Gut, dass dieses hohe Haus so frei dasteht. Man sieht es deutlich vom Flugzeug aus. Wie schnell ist so ein Flugzeug, Herr Doktor?"

„Ich denke so um die 900 Stundenkilometer."

„Na, sieh mal an! Mit 900 Stundenkilometern fliegen sie vorbei und können doch den Schal der Rosalie nicht übersehen."

„Und Sie wollen wirklich stricken, bis der Schal da unten den Rasen berührt? Das ist eine Herkulesaufgabe."

„Ich hab Zeit, Herr Doktor. Jeden Nachmittag stricke ich eineinhalb Stunden daran. Ich weiß vom Hausmeister, wie hoch mein Balkon ist. Und die Menge Wolle, die ich brauche für den Meter, kann ich berechnen. Habe ja Erfahrung. Die Ines bringt mir immer wieder bunte Wolle mit. In meiner Schatztruhe verwahre ich sie. Ich lebe von der Hoffnung, dass ich es wirklich schaffe."

„Machen denn Ihre Hände mit, Frau Borgholz?"

„Manchmal tun sie weh nach eineinhalb Stunden. Vielleicht liegt es an meinem Kopf, dass sie noch gehorchen. Sie müssen einfach. Ich will es schaffen. Ich kämpfe so angestrengt, wie es ein Sportler tut, der vor der Weltmeisterschaft steht, und bin nachher völlig erschöpft. Natürlich kann mir auch der Sturm einen Strich durch Rechnung machen, oder ein blöder Nachbar hat kein Verständnis und schneidet ab, wofür ich mir solche Mühe gegeben habe. Aber im ganzen Leben gab's keine Gewissheit. Für nichts gibt es Gewissheit. Und doch mussten wir mit unserer Hoffnung leben. Ich lebe in der Hoffnung, dass mein Schal den Boden erreicht. Den letzten ungewissen Kampf des Lebens kämpft die Rosalie Borgholz mit Stricknadeln. Friedlicher geht's doch nicht, oder? Ich nehme hin, dass man mich deswegen für verrückt hält. Aber einem habe ich heute schon das Gegenteil bewiesen. Und vielleicht locke ich so noch meinen Ludwig an."

Dr. Rothmund legt ihr sanft seine Hand auf die Schulter. „Etwas haben Sie tatsächlich schon gewonnen, Frau Borgholz. Ich habe eine liebe Frau und einen Jungen von fünf Jahren. Die werden Sie jetzt öfters besuchen. Bestimmt ist meine Frau einverstanden. Und meinem Kleinen können Sie ihren Schal zeigen. Wird ihn faszinieren. Außerdem lasse ich meine Kontakte spielen. Es gibt Begegnungsstätten, es gibt Besuchsdienste. Sie müssen nicht einsam bleiben, Frau Borgholz."

„Fein, Herr Doktor. Wie soll ich Ihnen danken?"

„Indem Sie mich nun doch gehen lassen. Ein bißchen Streß werde ich auch heute haben. Leben Sie wohl, Frau Borgholz! Sie hören von mir."

„Leben Sie wohl, Herr Doktor!"

Der warme Schimmer in den Augen der alten Frau ist zum Glanz geworden.

Im Aufzug zum Erdgeschoss kreisen die Gedanken des Arztes um den Schal. Wird man ihn imprägnieren und gegen die Witterung schützen können? Er will das herausfinden. Und mit der Hausverwaltung wird zu reden sein, damit keiner das Strickwerk der Rosalie Borgholz abschneidet. Es muß den Boden erreichen. Dr. Rothmund hat einen guten Freund in der Redaktion einer Lokalzeitung sitzen. Den muß er auf das Werk der alten Dame hinweisen. Als Cristo den Reichstag verhüllte, gewann er weltweite Aufmerksamkeit. Ist die Kunst der alten Frau weniger wert?

Am Abend bekommt Ludwig Borgholz vom Arzt nicht die telefonische Auskunft, die er sich erwünscht. Wütend knallt er den Hörer auf die Gabel. Noch flucht er wie ein Bierkutscher, aber ganz leise beginnt der gute Rat schon zu wirken, den Dr. Rothmund ihm noch geben konnte.

Zum Geleit

Ein einsamer alter Mensch kämpft mit einer List um die Aufmerksamkeit seiner Umwelt – es ist kein Wunder, dass mir eines morgens dieser Gedanke kam. Der Wohnraum, in den ich mir hierbei die alte Dame hinein dachte, ist in Wirklichkeit mein eigener. In der zwölften von dreizehn Etagen eines Hochhauses am Ortsrand wohne ich. Mir gefällt es nicht übel da oben, unter anderem, weil es neben dem herrlichen Ausblick auch wahrhaftig stille Nächte gibt. Morgens ab fünf aber beginnt tief unten eine Verkehrswelt zu erwachen, die ziemlich laut und sehr hektisch ist.

Ich selbst bin ein intregrierter Teil der Welt da unten, bin jung, mobil und kann hinaus gehen, sobald ich mag. Durch meinen Beruf als Altenpfleger aber kannte und kenne ich viele, für die das ganz anders ist. Bist Du alt, stehst Du am Rand und scheinst wertlos in unserer schnelllebigen Zeit. Weit verbreitet ist diese Ansicht. Unendliche Male schon hat sie mich maßlos wütend gemacht.

Wahrscheinlich deshalb träumte ich eines morgens, als Schlaf und Umwelt schon unruhig wurden, an meiner Stelle läge eine vereinsamte alte Frau. Sie stand auf in meinem Traum und kämpfte auf eigene Art um Kontakt zur Außenwelt, in dem sie einen Schal über den Balkon bis zum Boden strickte. Ich gab der imaginären Frau einen Namen 'Rosalie Borgholz', weil ich es für wert hielt, ihre Geschichte niederzuschreiben.

Noch etwas fiel mir ein, was ich tun konnte, um meinen Ärger über die scheinbare Wertlosigkeit meiner alten Pflegeheimbewohner („Kostenfaktoren" nach der Lesart unserer Zeit) von der Seele zu bekommen. Ich wollte meinen kleinen Teil dazu beitragen, ihnen eine Stimme zu geben. Deshalb schrieb ich auf, was ich in meiner langen Pflegepraxis an Bemerkenswertem beobachten und erlauschen durfte. Außerdem besuchte ich Heimbewohner in meiner Freizeit, und bat sie, doch einmal aus ihrem Leben zu erzählen. Sehr bald erschloß sich eine reiche Quelle an Weisheit, Erfahrung, Anekdoten, Geschichten und nicht zuletzt an unglaublichem Mutterwitz. Diese Menschen sind es wert, gefragt zu werden, nicht allein, weil sie noch zur Kriegsgeneration gehören, die so vieles zu erzählen hat, was wir nicht vergessen sollten. Sie verbreiten auch heitere Dinge, und darin sind sie besser als manch junger Mensch. Teile unserer Gesellschaft sind es gewöhnt, über alte Menschen und ihre Unzulänglichkeiten zu lachen. In einschlägigen Comedysendungen des Fernsehens kommt vor, dass sie aufs Tiefste erniedrigt werden. Das – mit Verlaub – ist zum Kotzen. Durch alte Menschen zum Lachen gebracht zu werden ist hingegen wunderbar. Diese Hochbetagten haben nämlich das, was manchen Comedymachern, wie z.B. Herrn Raab (der alte Frauen verhöhnt, weil deren zitternden Händen Kaffeetassen entfallen) immer fehlen wird – guten Humor. Schlagfertigkeit, die mich schon oft schier umgehauen hat, ist eine Quelle, die oft bis zuletzt noch sprudelt. Auch davon werden wir im Folgenden einige Beispiele erleben.

Die Menschen, die mir folgende Zeilen diktierten oder mich dazu inspirierten, begegnen mir teilweiße noch täglich, teilweiße sind sie schon lange tot. Es waren geisig völlig „klare" Menschen und auch Demenzkranke dabei. Manches kam nicht mehr so flüssig aus ihren Mündern, wie es sich jetzt lesen läßt, aber es kam doch heraus.

Meine sprachlichen Mittel sollen aber immer Gegenwart oder wörtliche Rede sein (außer bei der letzten Geschichte, die unmittelbar vom Sterben handelt). Ich möchte nämlich, dass sie Gegenwart bleiben. Wenn nur einer sich für dies Büchlein interessiert, haben jene, die nicht mehr sind und mir sehr ans Herz gewachsen waren, eine Spur im Leben hinterlassen. Dies täte mir wohl.

Meine Aufzeichnungen bleiben nahe am Wortlaut der Erzählungen meiner alten Menschen. Die Befragten waren zwischen 72 und 97 Jahre alt. So ein Mensch fasziniert genau so, wie er redet. Wer so alt geworden ist, der darf drei Nebensätze nacheinander mit „dass" beginnen. Er darf auch als militärische Festung gegen die Russen bezeichnen, was in Wirklichkeit eine militärische Festung gegen die Preußen war. Wir müssen wieder lernen zu akzeptieren, was nicht mehr perfekt sein kann. Dann verstehen wir auch bald wieder, unsere Alten zu ehren. Die brauchen keinen Imageberater, der im Nachhinein das Interview auf Gefälligkeit überprüft. Zudem ist dies Büchlein weit entfernt vom Anspruch, ein Geschichtsbuch zu sein. Es soll allein die Faszination und den Unterhaltungswert von Menschen aufzeigen, die Geschichte und Geschichten erzählen können. Alles was erzählt wird, ist die sehr subjektive Sichtweise einzelner Menschen.

„Stellen Sie Ihre Fragen dumm genug! Dann kriegen Sie von mir die besten Antworten", hat mir eine Heimbewohnerin geraten. Wohlan, ich hoffe, dumm genug gefragt zu haben:

Was alte Menschen erzählen

Vom anderen Geschlecht
„Als wir Kinder waren, so sechs, sieben Jahre alt, da haben wir das Gras genommen und . . . den Sauerampfer und haben es den Mädchen in die Nasen und in die Ohren gesteckt. Das war nur ein Spiel – ein harmloses Spiel. Was wußten wir schon vom anderen Geschlecht.

Als wir elf waren oder zwölf, da ging uns langsam ein Licht auf.

In der letzten Schulstunde der Oberstufe, hat der Lehrer dann alle Mädchen vor die Türe geschickt. `Mit den Jungs,´ hat er gesagt, `habe ich etwas zu besprechen.´

Aber die Weiber..., die sind ja immer neugierig. Die Türe haben sie einen Spalt offen gelassen und daran gelauscht.

`Die Mädchen,´ hat der Lehrer gemeint, `sind nicht zum Spielen da und nicht zum Befrieden der Gelüste.´

Da ist krachend die Türe aufgeflogen und kreischend und kichernd kamen alle Mädchen wieder ins Zimmer gerannt. Der Lehrer konnte nicht mehr anders, der mußte auch lachen. Mein Nebensitzer aber, er war aus Ungarn, und ein bißchen vorlaut war er auch, der hat gerufen: `Aber schön ist es halt doch!´

Da hat der Lehrer auf mich gezeigt und gesagt, das sei aus meiner Ecke gekommen. Nun ja, sollt ich´s halt wieder gewesen sein.“

Vom Lesen
„Mein Vater war sehr belesen. Er hat auch mir das Lesen beigebracht. Ich konnte schon mit vier Jahren lesen. Jede freie Minute hat er sich ein Buch geholt und ich mir auch eins. Er sagte immer: `Leise lesen!´ Das konnt ich nicht. Hab immer laut gelesen. Manchmal bekam ich dafür an die Backen. Am Ende konnt ich´s dann.“

Die Schweinedärme
„Wenn bei uns im Dorf geschlachtet wurde, haben die Jungens sich mit Blut gefüllte Schweinedärme unter den Hemden um den Körper gewunden. Hat sie der Lehrer dann geschlagen, ist das Blut herausgespritzt. Der Lehrer hat einen schweren Schreck gekriegt.“

Die Motorräder
„Mein Vater hat in Untertürkheim beim Daimler geschafft. An Weihnachten haben sie dort so kleine Motorräder geschenkt bekommen. In der guten Stube hat man dann die Motorräder aufgezogen und fahren lassen. Es war Linoleumboden, da fuhren sie gut. Das war das Ereignis unserer Kindheit. Beim Spielen auf der Straße hieß es auch manchmal: `Zur Seite, ein Motorrad!´ Das war aber noch selten. Wer kann heute schon noch auf der Straße spielen. Wir durften damals auf die Straße, wenn es zuhause nichts mehr zu schaffen gab,

und keine Hausaufgaben mehr. Wenn die Straßenlaternen angingen mußten wir reinkommen. Das war streng. Wir haben an der Hauptstraße gewohnt. Sonst gab's noch nicht überall Straßenlampen. Es waren noch Gaslampen. Wenn die abends angezüdet wurden, mußten wir nach Hause gehen."

Nikolaus und Weihnachten

„Zu Nikolaus war ich bei den Großeltern in Wäldenbronn. Der Nikolaus hat draußen mit einer Kuhkette geklirrt, da hab ich schon Angst bekommen. Die Kette hat er einem um die Beine geschlagen. Das tat richtig weh. Er hat's ja nur gemacht, wenn man nicht brav war. Aber die älteste Schwester war ja nie brav. Das war ich. Meine Schwester hat alles auf mich geschoben. Erst mit der Zeit haben meine Eltern das rausgekriegt.

Als ich später meiner Tochter vom Nikolaus erzählt habe, sagte sie: `Mama, das tust Du mir nicht an!´ Ihr Nikolaus hat ihr dann ihre Fehler vorgelesen. Dann sollte sie was aufsagen. Vor Angst hat sie kein Wort herausbekommen. Da hat er sie gepackt und gesagt: `Jetzt kommst Du in den Sack.´ Sie war danach voll Kohlenstaub. Er hatte den Sack vorher nicht sauber gemacht. Am Ende hat sie aber auch geschenkt gekriegt – so viel wie die anderen.

Die Bescherung haben wir immer morgens am ersten Feiertag gemacht. Im Nachthemd haben wir gesungen und die Geschenke angeschaut. Die Nacht nach Heiligabend habe ich nicht geschlafen. Da war so eine Spannung. Eine Puppenküche hab ich dann bekommen und eine Puppenstube, zum Teil war das von den Eltern vererbt. Ich bin davorgestanden und hab gesagt: `Da wel i no nallet´. Ich war kaum drei Jahre alt und konnte noch kein R sprechen."

Für Nichtschwaben übersetzt: „Da wer i no narret" = „da werd ich noch verrückt".

Wandern im Elbsandsteingebirge

„Ich bin in Pirna geboren. Das ist das Tordorf zum Elbsandsteingebirge. Wir sind am Wochenende mit der ganzen Familie zum Wandern ins Gebirge. Meine Mutter hat Kartoffelsalat gemacht und mit einem Rucksäckl sind wir los. Wir sind bis Schöna gekommen. Von Rathen sind wir hinter zum Amselsee und zur Felsbühne, wo die Karl- May- Festspiele sind. Zurück sind wir meist mit dem Zug gefahren. So haben wir unsere Kindheit verbracht. Meine Eltern mußten auch sparen. Aber schön ist's gewesen. Mein Bruder ist einmal mit einem Freund im Zug hinaufgefahren nach Wehen. Zurück wollten sie sich mit dem Paddelboot den Strom heruntertreiben lassen. Da ist so ein Gegenwind gekommen, dass sie gar nicht vorangekommen sind. Da mußten sie die Boote an Land zurückschleppen. Dass man sich heute wieder so für's Elbsandsteigebirge begeistert. Wir haben's halt schon als Kinder gekannt."

Im Heuschober

„Mein Großvater, der war mit neun Söhnen draußen zum Dreschen. Das war nicht einfach, da mußte der Schlag stimmen. Später im Heuschober blieb der jüngste Sohn zu lange oben.

`Was ist mit dir?´, hat der Großvater geschrien.

Als Antwort kam nur: `Rrrrrrr´.

`Was ist denn los,´ hat der Großvater nochmal gebrüllt.

`Spinne im Hals´, ist es würgend zurückgekommen.

`Schluck runter und komm endlich´, hat der Großvater geschimpft. Ja, da ist´s derb zugegangen. Aber bei 14 Kindern konnt´s nicht anders sein.“

Auf dem Land

„Damals hat´s vor den Häusern noch Misten gehabt. Heute gehört unser Ort zur Stadt. Wir hatten eine Kuh. Ich bin mit der Milch aufgewachsen, auch gemolken habe ich. Neben der Kuh hatten wir noch Gaisen. Die Kuhmilch wurde verkauft. Mir hat die Gaisenmilch geschmeckt, ich habe nie einen Unterschied gemerkt. Das war lustig, wenn man mit den jungen Gaisen im Hof gesprungen ist, meist an Ostern. Wir hatten vier Schweine, zwei wurden gemästet, von einer mußten wieder Junge her, eines wurde verkauft. Es mußte Geld her für die Aussteuern. Wenn eine meiner Schwestern geheiratet hat, sagte die Mutter, das hat wieder ein `Saugeld´ gekostet. Wir waren vier Schwestern. Zwei sind vor 1900 geboren, eine 1900 glatt, ich war 1913 noch ein Nachkömmling. Als ich 16 war hatte die Mutter schon Bettwäsche für die Aussteuer gekauft. Wir hatten auch Hühner und Enten. Beim Schlachten konnte ich den Hahn nicht halten. Mein Vater hat immer geschrien: `Komm her´, aber ich hab´s nicht fertig gebracht. Wenn das Schwein geschlachtet wurde, bin ich immer auf die Bühne, damit ich nichts sehen und nichts hören mußte. So etwas prägt. Ich kann heute noch keine Blutwurst oder ähnliches essen. Erst beim Umtrieb nach dem Schlachten bin ich wieder runtergekommen. Mein Vater hat mich mal auf eine Sau gesetzt, weil ich auf ihr reiten sollte. Die Sau hat gut zwei Zentner gewogen. Der Vater blieb wohl dabei, aber ich habe große Angst gehabt. Wissen sie, das ist noch heute so ein lebendiges Bild, wie ich auf der riesigen Sau sitze! Schwarzweiß gescheckt war die. Und der breite Rücken, wo sollte ich mich da halten. Diese Angst, die ich ausgestanden habe... . Mein Vater fand´s lustig.“

Der Bruder

„Wir waren drei Kinder. Ich war die Älteste. Meine drei Jahre jüngere Schwester lebt noch. Mein Bruder war mit 14 in Esslingen im Neckar ertrunken. Damals gab es im Neckar diese `Gumpen´. Darauf mußte man aufpassen, das wußte jeder gute Schwimmer. Aber einer aus der Gruppe der Jungen ist auf dem moosigen Boden ausgerutscht und in den Neckar gefallen, ausgerechnet der einzige Nichtschwimmer. Mein Bruder konnte gut schwimmen und wollte ihn retten. Aber der Freund hat ihn am Hals gepackt, dass er nicht mehr atmen konnte. Ein Vetter hat das noch beobachtet von der Pliensaubrücke aus. Er hat gedacht, jetzt bubeln sie wieder dort herum, wo es sooo gefährlich ist. Er hat nicht sehen können, dass dort ein Verwandter mit dem Tode kämpfte. Mein Bruder ist im Gumpen verschwunden und 14 Tage nicht gefunden worden, bis er wieder auftauchte. Der Freund wurde gerettet. Er ist heute Pate meiner Tochter. Es ist eine Freundschaft entstanden, als er merkte, dass nicht im Bösen von ihm gedacht wurde. Es wird manchmal in solchen Fällen in Rache und Vergeltung gedacht. Das gab´s bei uns nicht."

Der Schmiedehof
„Ich bin 1915 geboren, mitten im ersten Weltkrieg. Mein Vater hatte einen Hof in einem kleinen Dorf im Hunsrück. Mein Urgroßvater war Schmied, der Hof hieß `Schmied´, wir waren im Dorf die `Schmieds´, obwohl wir ganz anders heißen. Ich hatte zwei ältere Brüder. Der eine sollte den Hof übernehmen, aber er ist im Krieg gefallen. Der andere ging nach Thüringen, um sich eine Exsistenz in der Milchwirtschaft aufzubauen. Meine 1924 geborene Schwester ist mit 18 an einem infizierten Mückenstich gestorben. Die Mücke kam vermutlich von einem Kadaver. Ich mußte mich mit den Eltern durchwursteln. Das war nicht so üppig. Wir hatten noch ein Pferd für die Felder. Es war karg. Aber hungern mußte keiner. Es gab einen Stier für die ganze Gemeinde. Der wurde immer zu den Kühen gebracht. Ich erinnere mich noch, eines nachts waren die Leute durchgedreht. Alles war rebellisch. Der Stier war losgegangen. Der Mann, der ihn hielt, hatte ihn mit Absicht losgelasssen. Der wollte uns übel, wir wußten was über ihn. Wir hatten Angst. Hinter einem Gehöft haben sie den Stier dann wieder eingefangen. Wie sie das gemacht haben, weiß ich nicht. Es gab einen Gemeindediener, der hatte eine Glocke. Damit hat er ausgerufen, wer das Stierheu zu machen hatte. Es war eine geordnete Dorfgemeinschaft. Wenn ein Kalb geboren wurde, hat man nachts an der Tür geklopft und gefragt: `Könnt Ihr uns helfen?´"

Vom Schaffen
„Unsere Schule hat von 7 bis halb zwölf gedauert. Meine Schwestern haben bei der Wollfabrik Merkle und Kühne gearbeitet. Die sind am Mittag vom Neckar hinaufgelaufen zur Frauenkirche. Da sind die Arbeiter dann in Reih und Glied auf der Mauer gesessen. Wir mußten ihnen das Essen bringen. Es gab Frauen dabei, die haben die Körbe auf dem Kopf getragen. Um halb zwölf mußten wir das Essen tragen, dann ging die Schule weiter. Die Frauen mußten damals fest schaffen, die hatten nichts Schönes. Zuhause hatten sie ihre Gärten oder ihre kleinen Äcker, da mußten sie nach Feierabend weiterschaffen. Wir Kinder mußten in den Wiesen die Äpfel auflesen. Mein Vater kam Abends vom Daimler den Weg unter den Bäumen hoch gelaufen. Wehe, da ist noch ein Apfel gelegen, und wenn er nur inzwischen wieder herunter gefallen war. Die Äpfel sind in eine Mühle gekommen, wo sie zerrissen wurden. Dann sind sie in die Obstpresse gekommen. Wir durften aufbleiben bis zehn- elf Uhr, bis der

Süßmost herausgekommen ist. Wir Kinder mußten auch die Fässer putzen. Dazu mußten wir durch die kleinen Türen ins Fass hineinschlüpfen. Hineingekommen sind wir schon, aber wir hatten so große Bürsten, dass wir sie mit unseren kleinen Händen kaum halten konnten. Der Vater hat von außen hineingeleuchtet und mit den Fingern getastet, ob man in allen Nischen war. Wehe, das Fass war nicht richtig sauber... . Der Most mußte sich ja lange drinnen halten. Vom Süßmost trinken zu dürfen, das war unser Lohn. Der Birnenmost war so gut, den hat man als Sekt verkauft. Meine Mutter ist um halb vier aufgestanden, leise, damit die Kinder nicht aufwachen. Sie hat Feuer gemacht und die Wäsche gekocht. Sie hatte schon einen Waschkessel und einen Wäschestampfer. Sie konnte die Wäsche in der Waschküche und nicht in der Wohnküche machen. Das war schon ein Fortschritt, das war modern.“

Im Pfarrhaushalt
„Der Großvater meines Vaters war noch Schultheis - so nannte man damals den Bürgermeister - bei uns im Ort. Er hat auch eine Sparkasse gegründet.
Ich bin 1913 geboren. Mein Vater war ein Jahr lang im `Urlaub´. Er war bei der Marine. Als ich ihn das erste Mal sah, bin ich erschrocken und habe geweint. Er hatte einen Vollbart. Wir haben ein Reihenhäusle in Liebersbronn gebaut. Es waren harte Zeiten, die Arbeislosenzeit ist gekommen. Mit 12 mußte ich helfen, Geld zu verdienen. Als Kindsmagd mußte ich in ein Pfarrhaus. In ein paar Jahren kamen immer mehr Kinder dazu. Die Pfarrfrau war Tochter eines bekannten Generals. Wenn der gekommen ist, mussten wir extra putzen, das ganze Silber mußten wir putzen. Außerdem mussten wir Spächtele machen – kleine Beugle aus Holz, zwanzig Spächtele ein Bündel, ganz klein, dass man sie anzünden konnte wie Streichhölzer. Dabei habe ich mir einmal die Hände gerieben, denn es war im Hof - da war´s kalt. Es gab noch mehr Pfarrfrauen um den Hof herum. Eine schaute da zum Fenster raus und meinte: `Ja, so ist das. Arbeiten sie nicht, so frieren sie, meine Knechte.´
Beim Einkaufen durfte ich nur links von der Pfarrfrau laufen, beim Ausweichen hinter ihr. Die Pfarrfrau selbst ist als Kind immer mit dem Pferd zur Schule geritten. Mit ihrem eigenen Pferd. Es war immer ein Knecht zur Hand, falls etwas passiert.
Ich fand mit 16 mit Ach und Krach eine Anstellung in einem Handschuhgeschäft als Näherin.“

Schöne Zeit
„Ich bin in Heßlach aufgewachsen. Der Vater war da, die Mutter war da. Wir haben´s gut gehabt. Der Vater war Maurer, da war man froh, wenn der Vater schaffen konnte. Die Mutter hat geschafft, alle Geschwister haben auch bald geschafft. Da war ein Jedes froh, wenn es sein Plätzle hatte. Wir haben eine schöne Zeit gehabt. Da denkt man eigentlich nicht mehr dran. Und doch denkt man an die Jugend. Der Vater war mal arbeitslos, zeitweise war auch die Mutter arbeitslos. Trotzdem würd ich sagen, es war eine schöne Zeit. Irgendwie haben sie es uns schön gemacht.“

Aus Heidelberg

„Wir haben im neueren Stadtteil gewohnt. Dabei bin ich praktisch unterhalb vom Heidelbergerer Schloß geboren worden. Nach drei Jahren sind wir umgezogen, über Beziehungen in ein günstigeres Umfeld. Es war vom ärztlichen Standpunkt her besser. Da waren moderne Häuser, während die in der Altstadt teilweiße schon Jahrhunderte alt waren. Mein Vater hat nicht lange gelebt. Im Ersten Weltkrieg hatte er sich den Tod mitgeholt. Es wurde anerkannt. Meine Mutter hat eine Kriegsrente bekommen. Ich denke, das Geld war bei uns auch nicht üppig gesäht. Ich hatte noch eine Schwester. Der Erste Weltkrieg war noch nicht so lange weg. Meine Mutter hatte nichts gelernt. Sie war vom Land in die Stadt gekommen. Die einzige Tätigkeit war dann eben putzen. So wie das heute ist, dass auch jedes Mädchen einen Anspruch hat auf 'ne Lehrstelle, das gabs damals nicht.

Meine Großmutter wohnte in Leutershausen, wir haben in Heidelberg gewohnt. Die ganze Verwandtschaft lebte im Dreieck Heidelberg, Mannheim, Weinheim. In die Schule bin ich in Heidelberg gegangen, vier Jahre Volkschule, dann Gymnasium. Es war ein finanzieller Kraftakt für meine Mutter. Auf der Volksschule aber hieß es, von meinen Voraussetzungen her sei es besser, wenn ich aufs Gymnasium ginge. Mein Abi ist voll in den Krieg gefallen. Der Bruder meiner Frau hat in Osterode Abitur gemacht. Er mußte es wiederholen. Es ist nicht anerkannt worden. Wenn ich es auch nochmal hätte machen müssen... . Bin doch vom Krieg heimgekommen, war Soldat geworden. Das letzte Zeugnis vor dem Krieg wurde als Abiturzeugnis anerkannt. Vier Jahre Arbeitsdienst und Soldat gab's auch noch. Dann kam ich in Gefangenschaft –in französische. Auch wieder vier Jahre. Die Behandlung bei den Franzosen war gut – im Vergleich zu der bei den Russen. Wenn man diesen Vergleich zu den Russen aber nicht anstellt, war's ganz schön happig. Ich war zuvor auf dem humanistischen Gymnasium, Grundsprachen waren Latein, Griechisch und Französich. Latein und Griechisch waren höherrangig, Französich niederrangig. Auf Latein konnte man sich jetzt höchstens mal mit einem Pfarrer unterhalten. Als ich entlassen wurde, da war inzwischen die Währungsreform über Deutschland hinweggegangen. Ich hatte mir einiges Geld gespart. Das war noch anerkannt, das aus der Soldatenzeit sowieso. Ich hatte den Sold gespart. Das Sparbuch war noch da. Die Wirren waren in Heidelberg nicht so schlimm. Die Amis haben Flugblätter hinunter geschmissen: `Heidelberg wollen wir verschonen. Da wollen wir nach dem Kriege wohnen.´ Die Heidelberger Universität war vor dem Krieg von den Amis bezahlt worden. Die Währungsreform war über das Sparbuch hinweggerollt, hatte 90 Prozent weggefressen.

Jetzt gab's die Frage: Beruf? Beruf Schüler! Wenn das ein Beruf wäre... . Habe dann ein Studium der Betriebswirtschaft bis zum Examen absolviert. Meine Mutter bekam mehr Rente. Meine Schwester hat gut geheiratet. Der Schwager war Zahnarzt. Sie sind inzwischen beide tot. Der Zahnarzt hatte es auch nicht so einfach nach dem Krieg. Er hatte eine Wohnung als Praxis. Dadurch hatte ich den Vorteil, dort wohnen zu können. Meine Mutter hat zugeschossen. Ich habe nichts bezahlt. Ich hatte nichts. Der Zahnarzt hatte aber auch kein Vermögen. In Mannheim war viel kaputt. Wir wohnten in Heidelberg. Es gab die OEG, die Oberrheinische Eisenbahngesellschaft fuhr das Dreieck aus. Die fuhr direkt vor die Schule. Eine Universität in dem Sinn gab's in Mannheim nicht. Es war eine ehemalige Schule – Lessingschule. Rein optisch war's eine Schule, vom Lehrplan eine Universität. Ein paar Jahre später hat man im Mannheimer Schloß eine Universität untergebracht.

Zum Einstieg in den Beruf mußte ich über's Arbeitsamt gehen und inserieren. Statt zu studieren hätte ich auch eine Lehre machen können. Der Krieg war vorbei und die Wirtschaft kam langsam in Schwung. Doch schien ich zu alt. Ich war in Gefangenschaft. Das hat so gewirkt, dass man gemeint hat, wenn man sich beworben hat, dass die Personalschefs gar nicht mehr gewußt haben, dass wir einen Krieg hinter uns hatten. Meine erste Stelle war eine Aushilftätigkeit bei einem Wohnungsbauunternehmen in Heidelberg. Als Gehalt bekam ich 250 Mark. Nachher habe ich auf einer festen Stelle bei der Maschinenfabrik Esslingen 330 Mark verdient. Durch Inserat bin ich da hingekommen."

Aus der Heimat
„Es waren die goldenen Jahre. Wir hatten eine Goldwährung. Zwischen 1914 und 1918 ist sie langsam verschwunden. Das Gold und Silber wurde aus Rußland bezogen. In der Österreichisch- Ungarischen Monarchie wurden Gulden und Kronen geprägt. Unter zehn Kronen war Silber, das Zehn-Kronenstück, der Dukaten war aus Gold, ungefähr dreieinhalb Gramm schwer, das Hundertkronenstück ein schwerer Brocken, meistens für Wohlhabende und Gewerbetreibende – wie meinen Vater, der war Metzger und Wirt. So bin ich mit der Währung in Berührung gekommen.

Das Geschäft ist gut gegangen. Wir waren zehn Kinder, fünf Jungen, fünf Mädchen. Der älteste Bruder ist 1899 geboren. Als Kinder haben wir die deutsche Schule besucht, unsere Muttersprache war deutsch. Im Vielvölkerstaat Österreich-Ungarn hatte jeder seine eigene Sprache. Die Monarchie ging bis zur Adria nach Dalmatien. Einziger Hafen war Triest, einziges Schiff die „Vibris Unitis" das heißt „Vereinte Kräfte". Weiß nicht genau, ob sie im Ersten oder Zweiten Weltkrieg versenkt worden ist, ich glaube im Ersten.

Meine Volksschule war in einem Vorort von Olmütz – Marienthal, die Realschule in Olmütz Stadt, ebenso die Handelsakademie, Sprache war Deutsch. Böhmen und Mähren waren tschechisch. Die tschechischen Kronländer durften ihre Sprache behalten. In einem Teil von Mähren, im Nordosten war das Sudetenland, das war ausgesprochen deutsch, und meine Heimat.

Es war ein schönes, üppiges Gebiet, mit der Hauptstadt von Mähren – Olmütz. Olmütz war auch die Krönungsstadt der österreichischen Kaiser, die nebenher noch in Ungarn, in Budapest die Königskrone erhalten haben, deshalb Österreichisch- Ungarische Monarchie. Das Verhältnis von Deutschen und

Tschechen war ausgesprochen gut, bis zum Ausbruch des ersten Weltkrieges, dann haben die Zwistigkeiten angefangen. Im Jahre 18 bei Beendigung des Weltkrieges ist auch die Monarchie zerfallen. So entstand auch unter vielen anderen Staaten, die Tschecheslowakische Republik unter Führung von Präsident Masarik. In Böhmen und Mähren gab es Tschechisch und Deutsch. Wir haben als Kinder untereinander gespielt. In der Tschechei hatten wir ein – wie soll man sagen – gemischtes Soldatentum. Deutsche und Tschechen waren in verschiedenen Regimentern untergebracht. Weil 1918 das Sudetenland den Tschechen zugesprochen wurde, waren wir Deutsche der Tschechischen Wehrpflicht unterworfen. Im Sudetenland waren wir eine Minderheit von ungefähr 3,5 Millionen Deutschen. Als Deutsche Minderheit durften wir unsere eigenen Schulen haben. In den Ortschaften waren deutsche Verwaltungen eingesetzt. Der Paß war tschechisch, die Nationalität deutsch. Eine Krankenkasse war da – die allgemeine Krankenkasse mit genau den gleichen Bedingungen wie in Deutschland. Das Verhältnis zu den Tschechen war in manchen Gebieten gut, in manchen – wie es so ist in mehrsprachigen Gebieten – kompliziert. Geschäftsleute mußten unbedingt Deutsch und Tschechisch können – auch Tschechen. Nur in rein tschechischen Gebieten waren sie unter sich. In den gemischtsprachigen Gebieten waren zwei Sprachen unbedingt erforderlich. In den Schulen war die Muttersprache Deutsch, aber Tschechisch Pflichtgegenstand – sozusagen ein Zwang, Tschechisch zu lernen, täglich eine Stunde Tschechischsprache. Ich kann noch Tschechisch. Man konnte noch eine Fremdsprache dazu lernen. Das war bei mir Französisch. Das war später von großem Vorteil, während der Gefangenschaft in Frankreich. Ich konnte mich während des Arbeitseinsatzes in der Gefangenschaft mit den Franzosen gut verständigen.
Wir haben in ausgesprochen deutschen Gebieten gewohnt und konnten uns frei bewegen. Wir haben uns nicht als Unterdrückte gefühlt. Es hat aber auch Gebiete gegeben, wo Reibungen da waren. Angst hatten wir keine. Es war Polizeischutz da, sie hat Tschechen und Deutsche gleichermaßen unter Schutz genommen. Es hat gemischte Ehen gegeben, aber die haben sich auch sehr gut vertragen. Meine Mutter war Tschechin, ist aber in einem deutschen Gebiet aufgewachsen. Mein Vater war geborener Deutscher, wir sind deutsch erzogen worden und haben deutsche Schulen besucht. In der Schule erst habe ich Tschechisch gelernt. Es waren zwei Landessprachen, deutsch und tschechisch. Mein Vater mußte unbedingt zwei Sprachen kennen, da wir deutsche und tschechische Kundschaft hatten. Im Sport gab es deutsche und tschechische Clubs. Es gab den deutschen Turnverein – vier f, frisch, fromm, fröhlich, frei. Wir in Olmütz hatten den deutschen Fußballclub DFC, den deutschen Eishockeyclub und den Eislaufverein, hatten eine eigene Turnhalle und hatten ein gutes Verhältnis zu den Tschechen. Es gab eine Tschechische Liga, und die Deutschen waren auch zusammengeschlossen, spielten aber mit den Tschechen normal. Es war normal, Spiele waren angesagt, einmal mit den Tschechen, einmal mit den Deutschen. So war der Verkehr auch im Privatleben –

Freundschaft zwischen Tschechen und Deutschen. Der Sport hat viel beigetragen zu den Freundschaften. Bis 1938 hat die Tschechische Republik bestanden. Im Jahre 1939 wurde Tschechien als Protektorat Böhmen und Mähren von Deutschland regiert.

Der Strich im Nordosten war ein Bollwerk gegen die Russen, von den Österreichern aufgebaut, mit Olmütz als größter Militärmacht in der Monarchie. Hier hat es alle Waffengattungen gegeben. Auch der Flugplatz befand sich in Neterein – das war ein Vorort. Aufgrund dieser Millitärmacht von Olmütz hat es viele Kasernen und viele Kirchen gegeben. Der Dom von Olmütz, genannt nach dem heiligen Wenzel, wurde ziemlich früh gebaut. Die Kirche zu Mariaschnee war die Krönungskirche der österreichischen Kaiser. Das Leben war sehr rege infolge der vielen Soldaten In Olmütz.

Olmütz liegt in der Marchebene bis auf die Domkirche, der Dom ruhte sozusagen auf einem Felshügel und hatte gotischen Ursprung. Der genaue Ursprung läßt sich nicht feststellen. Ich habe auch ein Buch über Olmütz.

Literatur haben wir ausgesprochen deutsch gehabt, Dichtungen von Schiller und Goethe übernommen, auch in der Schule wurden deutsche Dichter zitiert.

Ich könnte aus der Jugend erzählen, von den umliegenden Bergen. Mähren war eingeschlossen von den Beskiden und vom Altvatergebirge. Der Altvater ist höchster Berg der Tschechei. Im Norden, der Spieglitzer Schneeberg, der aber in Schlesien liegt. Dieses Gebiet Böhmen, Mähren, Schlesien war sozusagen eine Masse. Die Sudeten sind ein Mittelgebirge ähnlich wie Schwarzwald und Alb. Skigebiete gab es genügend, aber leider nur im Winter Schneefall. Ewigen Schnee gab es nur auf dem Spieglitzer Schneeberg – der war ungefähr 2000 Meter hoch. Da sind auch Skiwettkämpfe ausgetragen worden. Auch im Altvatergebiet gab es jährlich Skiwettkämpfe. Wir mußten alle Skifahren können, wir sind in den Bergen gelegen, das hat sich ergeben – Skifahren und Eislaufen. In der Nähe von Olmütz war ein schönes Skifahrgebiet, wo sich die Städter austoben konnten. Man gelangte mit dem Auto oder der Eisenbahn hin, am besten mit der Eisenbahn. Jetzt weiß ich nicht, wann die gebaut wurde, von Olmütz im Tal hinauf nach Jägerdorf im Gebirge. Eine Gebirgsbahn mit mehreren Tunnels. Eine Sperre von Bergen mußte durchbohrt werden bis hinauf zur Oberfläche der Sudetenberge. Im Tal, die Freispitz, ein Gebirgsbach, in der Nähe von Olmütz ein großer Forellenteich, der hauptsächlich dem Domkapittel diente. Von diesem Forellenteich wurde der Dom beliefert – immer Freitag. Im Winter diente er als Eislaufplatz. Und er war im Gebirge. In Olmütz selbst hatten wir einen großen Eislaufplatz bei der Turnhalle. Und einen Eishockeyclub. Die haben schöne Spiele ausgetragen gegen Prag, gegen Wien, da war reger Verkehr."

Geschafft und gespart

„Mit 14 bin ich weg von der Volksschule auf die Handelsschule. Da habe ich Französisch gehabt. Deshalb wollten mich meine Eltern einmal mit nach

Straßburg nehmen, wo sie Bekannte hatten. Ich sollte übersetzen. Aber dann standen wir am Rhein und durften nicht rüber, weil die Papiere nicht stimmten. Meine Eltern haben geschafft und geschafft und gespart und gespart. Wenn der Jahrgang 1868 eine Fahrt gemacht hatte, war es das einzige, was sie hatten. Einmal waren sie in einem Salzbergwerk. Sie haben uns eine Karte geschickt, wie sie da heruntergerutscht sind. Mein Vater hat 25 Jahre beim Daimler geschafft. Zum Jubiläum bekamen sie eine Fahrt mit dem Personenwagen an einen Ort, wohin sie wollten. Einmal mit so einem großen Mercedes herumzufahren, das war das Höchste."

Der Student
„Meine Mutter hatte einen Untermieter, einen Studenten. Eigentlich war's ein recht feiner Kerl, aber ich hab ihn nicht mögen. Meine Mutter hat das anders gesehen. Die hat sich Hoffnungen gemacht. Aber ich wollte ihn nicht. Einmal hat sie es so weit gebracht, dass wir zusammen Schlitten fahren gegangen sind. Doch später hab ich ihn vom Schlitten geschmissen. Was kann ich dafür, dass ich ihn nicht mochte? Als er wieder zuhause in Norddeutschland lebte, hat er meiner Mutter lange noch geschrieben. In einem Brief stand: `Wird es jemals einen geben, der diesen kleinen Trotzkopf zähmt?´"

Der Sauerbraten
„... er war ein feiner, bissle strenger Herr in der Nachbarschaft. Schon eine ganze Weile hat er mich so seltsam angegeguckt. Einmal hat er dann gefragt: `Fräulein... könnten Sie mir mal einen Sauerbraten machen?´
Da hab ich geahnt, der wollte meine Kochkünste testen. Ich hab mir schon arg Mühe gegeben ..., scheint ihm auch geschmeckt zu haben. Glaub mir, unsere Ehe ist glücklich geworden! Nie ein böses Wort hat's zwischen uns gegeben. Und denk bloß nicht, wir haben vorher noch anderes ausprobiert – ich bin als Jungfrau in die Ehe gegangen, mit 34 Jahren. Meine Mutter hatte immer gesagt, wer ein Uneheliches heimbringt, fliegt raus. Meine älteste Schwester war auch unehelich geboren. Davon hat die Mutter nicht so gern geredet."

Bilder an der Wand
Zwei alte Herren teilen sich ein Zimmer. Der eine ist schon sehr, sehr hinfällig und bettlägrig, der andere für stattliche 93 Lebensjahre erstaunlich gut beisammen. Der Gesündere, ein verdammt netter Kerl, umsorgt den Schwerkranken, wie er es noch kann. Doch ist er ein Mann, und der Andere ist auch ein Mann. Männer haben manchmal ihre ganz eigene Psychologie... .
Die Tochter des Schwerkranken hängt ihrem Vater ein Jugendbild seiner verstorbenen Ehefrau übers Bett.
Auch der 93 Jährige hat ein Jugendbild der verstorbenen Frau. Es steckt in der Nachttischschublade. Er betrachtet es hin und wieder für sich alleine. Kaum sieht er, was da über dem Nachbarbett hängt, greift er zum Telefon und bestellt einen Verwandten mit Hammer und Nagel zu sich. Noch am selben Abend

hängt über beiden Betten jeweils ein Frauenbild. Die Hand des 93 jährigen zeigt erst aufs eine, dann aufs andere. „Die war hübsch,“ sagt er, „meine auch!“

Am Stammtisch

„... eines nachts bin ich aufgewacht, so zwischen eins und zwei, und das Bett neben mir war noch kalt und leer. Das war nicht seine Art. Ich hab gewußt, er war am Abend noch am Stammtisch, aber eigentlich kam er immer pünktlich heim. Da hab ich mir schon Sorgen gemacht. Ich hab mir was übergezogen und eine Laterne geschnappt und bin los. Damals gab es noch diese Chauseegräben. Zwischen Schönberg und Birkach hab ich alle Gräben ausgeleuchtet, ob er da wo reingeflogen ist. In Birkach dann brannte in einer Kneipe noch Licht. Ich bin reingegangen, und tatsächlich saß er da mit ein paar Kumpanen. Bevor ich noch den Mund aufbrachte, haben sie mich aufgefordert, dazu hinzusitzen. Ist eigentlich noch ein netter Abend geworden. Weißt Du, was das Ende vom Lied war? Mein Mann durfte nie mehr ohne sein Weib zum Stammtisch kommen. Die sagten, ohne mich sei´s nur halb so lustig.“

Die Kunstturnerin (heute Heimbewohnerin, fast 100 Jahre alt)

„Weißt Du, ich habe Wettkämpfe gemacht, und ich bin wirklich nicht schlecht gewesen. Manchmal habe ich sogar vorne gelegen. Aber die Freiübung, die dumme Freiübung... beim Siebenkampf war immer eine Freiübung dabei, oh wie hab ich die gehaßt. Sie hat mich immer zurückgeworfen, immer... . Ja, wir Stuttgarterinnen, wir dachten wir können was. Dann sind wir zum Vergleichskampf nach München gefahren. Hinterher dachten wir, wir können gar nichts. Aber gewandt war ich schon. Eigentlich bin ich heute noch gewandt... für Euch... wie soll ich sagen... nun ja, Ihr wollt ja bestimmt keine hier haben, die bei jeder Bewegung „aua“ schreit.“

Bühler Zwetschgen

„Die Zwetschgenernte? Wann haben wir da angefangen?...! So Ende August war das schon. Unsere Bühler Zwetschgen waren berühmt. Gibt´s das heute noch? Ja? Wie schön... . Viel haben wir auch eingekocht. Es gab da viel Geld zu verdienen. Man hat sich sehr gefreut. Über das Geld oder über die Arbeit? Mehr übers Geld. Aber erst kam die Arbeit, dann das Geld. Das war so. Wir waren viel oben auf den Leitern. Zum Schluß haben wir immer genug geschafft gehabt.“

Moral

Der alte Herr deklamiert, so gut er noch kann: „Da hat Sokrates zur Xantipe gesagt: `Weib, du bist ohne Moral.´ Sagte sie zu ihm: `Ohne Moral, lebt so mancher einer, aber ohne Weib lebt keiner´.“
-Pause-

„Stimmt nicht," ruft der alte Herr mit lauter Stimme, „schaun sie mich an!" Er deutet auf das Bild an der Wand. „Da, mein Weib ist im Himmel – muß auch gehen."

Das Klosterbild
„... das ist ein Bild von Kloster Birnau – eine Postkarte ... Birnau kenn ich gut, war früher oft mit meiner Frau am Bodensee ... Sie schenken mir die Karte Schwester, Danke schön ... aha, das Kloster ist gerade eingerüstet ... vielleicht soll ich Ihnen ein paar Euro mitgeben, als Spende für die Renovierung ... so, Sie meinen die Kirche habe noch genug Geld ... genau das wollte ich hören."

Am Wahlsonntag
„Grüß Gott, Herr Marco," begrüßt mich die alte, auf ihren Gehwagen gestützte Dame, „wisset sie, wo mr hier wähla koa?"
„I geh au grad hin, Frau... kommet se mit!"
Unterwegs erzählt sie mir: „Da hat mr grad oiner gsagt, daß des heit isch, und i han denkt, so a Kärtle (Wahlbenachrichtigung) han i au. Da könnt i ja eigentlich au no gange."
Ich gebe meine Stimme ab und warte dann auf Frau..., weil ich sicher sein will, dass sie wieder ins Heim zurückfindet. Sie bleibt ungewöhnlich lange in der Kabine. Endlich strebt sie siegessicher auf die Wahlurne zu, und will ihren Umschlag hineinwerfen.
„Halt," sagt der Wahlhelfer, „wo haben sie ihre Wahlbenachrichtigung."
Frau... schaut fragend.
„Das Kärtchen," sagt der Mann.
Frau... zieht die Schultern hoch und setzt ihre charmanteste Miene auf, als sie auf den Wahlumschlag zeigt.
„Han i da mit nei do."
„Müsset se wieder raus hole und mir gebe."
Schließlich kommt die Stimmabgabe noch korrekt zu Stande. Für Frau... mit ihren Einschränkungen war es körperlich und geistig eine große Leistung zur Wahl zu gehen. Was immer sie auch angekreuzt haben mag, mit dem, was Politiker aller Couleur, Pflegebedürftigen und Pflegern in den letzten Jahren antaten, haben sie sich der Mühe unserer demokratiebewußten Frau... als unwürdig erwiesen.

Im Versandhaus
„Ich war in Stuttgart in Stellung, wieder bei der Generalstochter, die inzwischen vier Kinder hatte. Die lief bei mir wie am Faden immer mit. Später bin ich nach Böblingen in ein großes Bekleidungshaus als zweite Köchin. Ich wollte sein, wo junge Männer sind, wegen dem Bügeln. Ich konnte nur für Frauen bügeln, für Männer wollte ich es lernen. In der Familie war jeden Tag Streit. Vor dem Essen wurde gestritten. Man hat gebetet, und danach war wieder Streit. Ich habe dem Vater geschrieben, das halte ich nicht aus. Der Vater hat dann der Familie

geschrieben, dass er mich braucht. Die Mutter war geschlaucht vom Tod meines Bruders. Sie ging zur Kur nach Bad Teinach. Ich bin wieder heim und habe eine Stelle in einem Versandhaus angenommen. Dann ist der Krieg angegangen. Der Geschäftsleiter hat gesagt, ich soll berichten, was man besser machen könne, was die anderen machen, was falsch läuft. Da dachte ich, ich sei ein Spitzel. Ich sagte: `Das kann ich nicht. Herr Ingenieur, das kann ich nicht´.
Er hat sich danach gerichtet. Der alte Chef war ein Frauenjäger. Der ließ kein Mädchen in Ruhe, das er zu greifen bekommen hat.
Man hat Silber gemacht, Vasen und Schalen, alles, was gepaßt hat, zum Versand verpackt. Dann hat man umgestellt auf Stahlhelme. Es ist immer kritischer geworden."

Die Bernsteinkette

„Da war ein junger Mann. Seine Mutter war mit meiner Mutter befreundet. Mutter sagte, der sei immer sehr allein. Er war nett und ruhig und anständig, so konnte man mal zusammen spazierengehen. Damals sind viele Einbrüche passiert, ganz dumme Sachen.
Einmal habe ich ins Büro gemußt und lange geklopft, bis ich reinkonnte. Da war ein Mann, der hat sein Revers zurückgeschlagen – Polizei. Er fragte, ob ich Fräulein ... sei. Ich sagte: `Ja´. Er sagte, das könne er nicht glauben. Der junge Mann habe mir eine Bernsteinkette geschenkt – ich hatte inzwischen Geburtstag – , die gestohlen sei. Ich sage ihnen, da war nichts dahinter und nichts davor. Man hat mein Zimmer untersucht. Die Kette war da. Meine Mutter hat mich dafür am ganzen Gesicht und Körper blau geschlagen. Ich konnte lange Zeit nicht raus. Mit 26 Jahren hat meine Mutter mich zusammengeschlagen, bis der Vater sagte: `Jetzt reicht´s´. Warum... ?
Es war eine Schande. Ein Schwager der Mutter war Kriminalrat. Er hat in Ludwigsburg im Gefängnis die Schande aufdecken müssen. Seine Tochter war mit einem Bruder von dem `Dieb´ verheiratet. Ich wollte über sie einen Brief an ihn weiterleiten, bin aber dahinter gekommen, dass ich überwacht wurde."

Unerlaubte Kinder

„Ein paar Mal hatte ich gute Bekannte, aber nie war´s der Richtige. Ich war beim Neujahrsball der Stadt. Da lernte ich einen Sanitäter kennen. Ich war selbst fünf Jahre beim Roten Kreuz. Da war´s aus mit allem anderen, es ging Hals über Kopf. Inzwischen war ich als Verkäuferin tätig. Wir haben geheiratet. Im Jahr 40 habe ich gemerkt, dass mein Mann lungenkrank war. Vorher wußt ich´s nicht. Ich hätte mir aber auch nichts sagen lassen, hätte ihn trotzdem geheiratet. 40 hieß es dann, das Kind müsse weg. Der Hitler hat keine kranken Kinder gewollt. Sie erzählten, eigentlich müsse Hitler das persönlich genehmigen, und ich hab´s geglaubt. Der Arzt hat gesagt, wenn wir bereit seien eine gewisse Summe zu bezahlen, läßt er es laufen und paßt auf. So sind zwei Kinder gekommen. Mein Mann war sechs Jahre im Sanatorium. Wenn er mal heim durfte, hatte er nicht nur Frau und Kinder, sondern auch andere Verpflichtungen.

Meine Schwester war Diakonisse in Schwäbisch Hall und hatte eine Bekannte in Urach. Über die haben wir eine Falle gestellt, um zu sehen, ob mein Brief ankommt. Der Brief ist nicht angekommen. Sie sagten, sie hätten es verwechselt. Der Brief hat nicht ankommen dürfen. Man durfte nichts von mir wissen. Nach sechs Jahren gegen Kriegsende 45 ist mein Mann dann gestorben.
Ich hab mich vorstellen müssen wegen den Alimenten. Bin angekommen, habe geklopft. `Was wollen sie´, wurde gefragt.
Ich hatte die Mädchen dabei. `Ich bin bestellt´, sagte ich.
`Das können wir uns gar nicht vorstellen, daß ein Mann mit so einer ordentlichen Frau (das war ich damals schon) nicht zufrieden ist.´
Meine Schwiegermutter hatte aufgehetzt. Einmal, als sie mit meinem Mann an der Glastüre stand, hatte sie gesagt, ich sei eine Erbschleicherin. Jetzt bekam ich 26 Mark für mich selbst und 26 für jedes Mädchen. Er hatte kein Geld in die Versicherung eingezahlt. Über eine Nebenversicherung bin ich mit Ach und Krach durchgekommen.
Ein Bekannter saß bei der AOK an der Pforte, einen Freund vom Chef. Ich war früher in der KKH und bin es wieder. Jetzt mußte ich nachzahlen. Mein Mann hatte gemeint, er brauche keine zwei Versicherungen. Dass er so dumm war, eine Krankenversicherung aufzugeben. Habe den Bekannten noch besser kennengelernt und 1948 nochmal geheiratet. Es war fest ausgemacht, wir wollen keine Kinder mehr. Meine zwei Mädchen waren seine Kinder und trugen seinen Namen. Im Januar darauf ist doch nochmal ein Mädele gekommen. Die Jüngste ist also vom zweiten Mann. Uns ist´s nicht schlecht gegangen. Er war immer arg besorgt und ist nirgends ohne seine Kinder hingegangen. Dann hat er es an der Galle bekommen, Gallenkoliken und was so alles nebenher geht. Das war nicht leicht. Da hat´s wieder geheißen: Ins Krankenhaus, wie der andere, nur eine andere Station. Es wurde eine Operation überlegt. Nach der Operation hieß es Frau... , sie müssen sich auf einiges gefaßt machen. Die Galle war an der Leber festgewachsen. Noch zehn Jahre hat er gelebt. Es ist immer schwerer geworden... .“

Der Jude

„Als ich in Stuttgart in Stellung war, bin ich immer vom Bopser in die Markthalle zum Einkaufen gegangen, das heißt ich bin hin gesprungen – die Zeit war immer knapp. Ich habe Pfifferlinge, Champingions und Rhabarber gekauft – Rhabarber immer aus Scharnhausen, da gab´s den besten, weil er so viel Sonne hatte. Ganz früher gab´s in Scharnhausen auch Weinberge.
Zurück bin ich mit der Straßenbahn gefahren. Ich stand draußen auf der Plattform, weil ich mit dem schweren Einkaufskorb nicht mehr durch die Türe gepaßt habe. Da stand oft einer, der durfte sich nicht zu den anderen setzen. Der war Jude. Er hat mir so leid getan. Er war immer so freundlich und nett. Wenn sie vorbeigekommen sind mit ihren Davidssternen, haben mir die Hände gezittert, weil ich inzwischen wußte, was los ist. Das heißt, was genau passierte, wußte ich nicht, aber, dass was passierte lag faustdick in der Luft. Damals hat´s

immer geheißen: `Ich heiße Hase und weiß von nichts´ Man ist abgehört
worden. Wenn zwei nebeneinander standen, war´s schon gefährlich. Wenn sie
gekommen sind mit ihren schwarzen Mänteln und ihren Schlapphüten, haben
sich alle in den Häusern versteckt. Wir wußten: Jetzt wird wieder einer abgeholt.
Eine Bekannte war mit einem Chefarzt befreundet. Aus seiner Klinik sind die
besten Fotos von Säuglingen gekommen. Der war auch bei den Braunen. Mußte
er damals sein. Das hat ihn so genommen, dass er selbst Morphium geschluckt
hat und daran gestorben ist.“

Der Kuhhandel
„Meine Eltern haben eine neue Kuh gekauft, von einem Juden in der
Judengasse. Der hat sie vor ihnen im Kreis geführt, immer in eine Richtung. Auf
der anderen Seite hatte sie einen Fleck. Das haben wir nicht gesehen. Damals
hieß es, das sei typisch Jude.
Wenn wir aber beim Wort `Jude´ sind, ich habe es mit eigenen Augen gesehen:
In Esslingen gab es ein Waisenhaus, das steht heute noch. Damals waren
israelitische Kinder drin. Die vom Hitler haben dort Kleider und Bücher
hinausgeschmissen und die Kinder mitgenommen. Ich weiß nicht, wohin . . . .
Es gab ein jüdisches Kaufhaus, Wohlwert, da hab ich als Wittfrau noch
gearbeitet. Es gab Einheitspreise. 25, 10, fünf und eine Mark. Von den Juden
wurde man viel besser behandelt als von den Deutschen. Vesperpause war um
neun, als mir einmal übel war, hat der Chef gesagt: `Frau ... gehen sie heim´.
Wir durften auch mal hinsitzen, wenn wir müde waren. Was nicht verkauft war
an Lebensmitteln, das haben wir am Abend verbilligt bekommen. Dies hätt´s bei
Deutschen alles nicht gegeben. Wenn sie an den Juden damals kein gutes Hahr
gelassen haben: Da gab´s auch solche und solche, so einer, der uns mit der Kuh
beschissen hat, und solch gute Arbeitgeber. Man war froh, wenn man Arbeit
hatte. Es gab so wenig Arbeit damals.“

Die Eiche
„Da stand eine Eiche mitten im Feld. Die Bauern waren erbost darüber, die hat
viel weggenommen, was da eigentlich wachsen sollte. Sie durfte aber nicht
gefällt werden. Die Hitlers wollten unter der Eiche Trauungen machen, statt in
der Kirche wollten sie unter der Eiche trauen. Es sollte ganz feierlich zugehen.
Wir sagten: `Gottlosigkeit´. Das wollten wir nicht zulassen. Wer kirchlich war,
war dagegen. In der Nacht haben junge Männer die Eiche gefällt. Sie wurde
zerteilt und verbrannt, so dass nichts mehr zu finden war. Die meisten Jungens
im Dorf waren dabei. Die waren aber alle still. Mein Gott, die wären alle
umgebracht worden, wenn es herausgekommen wäre. Es ist aber nichts
herausgekommen. Nur heimlich geflüstert wurde: `Die Eiche hat gebrannt.´ Ich
hab gewußt, wer´s war, mein Vater nicht. Wir haben nie darüber geredet. Wir
waren Hitler ganz abgeneigt, wir waren große Gegner. Mein Vater war
Vorsteher in dem kleinen Dorf. Sie haben ihm nichts anhaben können, es ist
nichts herausgekommen. Er mußte immer aufpassen, immer heimlich tun. Man

hat damals alles selber gemacht, Butter und Seife aus den Kuhfellen. Aber man hat damals nur einmal im Jahr schlachten dürfen. Das mußte angemeldet werden, eigentlich .... Ein kleines Mädchen wurde ein Mal ermahnt. Sie hatte schon zuviel gebabbelt ...."

Milchwirtschaft

„Als junges Mädchen bin ich immer ganz krummbucklig gelaufen. Hab mich halt geniert, weil ich da vorne schon so eine Milchwirtschaft zusammen hatte...
Aber später im Krieg, da war's gut, wenn man viel stillen konnte. Was hätt's sonst schon für die Kinder gegeben. Ich bin während des Krieges Mutter geworden. Meine Tochter wurde krank, und ich mußte täglich von Liebersbronn nach Cannstatt ins Krankenhaus laufen. Das werden einfach so zehn Kilometer sein. Ich nahm immer den Weg durch die Weinberge. Da konnte ich mich in die Gräben legen, wenn die Bomben kamen."

Die Sprache

„Eingezogen wurde ich im Januar 39 nach Stalgut in Pommern. Man wurde sofort ausgebildet, in allem, was es damals so gab. Wo ich herkomme hat man `Pepsch´ zu mir gesagt. In der Kompanie waren dann lauter Westfalen. So wurde ich zum `Jupp´. Man kann heute noch `Jupp´ zu mir sagen.
Zuerst war Polen, da war ich noch nicht dabei. 40 gings nach Frankreich, nach Reims und nach Südfrankreich. Da habe ich schon mitgekämpft. Die Engländer waren ja schon abgehauen. Nachher als Besatzungssoldat wars gemütlich. Da waren wohl Übungen, alle Tage was anderes. Die Offiziere habens aber nicht so genau genommen. Die wollten vom Krieg auch noch nicht viel wissen. Mit den Franzosen sind wir ganz gut ausgekommen, einem haben wir geholfen, ein Huhn zu schlachten. Das war in Brest. Man hat den Franzosen nichts gemacht, aber die sind oft weggelaufen. Die Franzosen konnten aber auch mal Deutsch. Der Krieg war schnell zu Ende mit Frankreich. Es waren ja keine Engländer mehr da. In Südfrankreich gab's schon keine Kämpfe mehr. Die waren vorbei.
Richtig los ging's dann in Russland. Ich weiß nicht mehr, wann das angefangen hat. Wir sind mit dem Zug über Fulda und teilweiße mit dem Auto direkt von Frankreich nach Russland verlegt worden. Die ganze Batterie ist Batallionweise verlegt worden. Ich war ein paar Jahre einfach weg. In Russland bin ich bis Smolensk gekommen – 41. Auf einer alten Landkarte würde ich mich noch zurechtfinden. In Gefangenschaft bin ich nicht gekommen. Meine Verletzung geschah noch im Vormarsch. Am Anfang hat man geglaubt, dass man gewinnen kann. Auf einmal war Schluß. Da gings nicht mehr vorwärts, da ging's schon immer wieder rückwärts. Man wußte, dass alles schieflaufen würde. Die Franzosen kriegten schon Unterstützung von den Engländern und den Amerikanern. Wir wußten das. Ich konnte von der Front an meine Eltern schreiben. Was ich da geschrieben habe, das weiß ich nicht mehr. Wie ich verwundet wurde? Wohl von einer MP. Weiß man das schon genau? Es waren mehrere Schüsse. Das Knie war praktisch hinüber, der Unterschenkel auch. Es

war an der Front. Da gab´s jeden Tag Schießereien. Im Lazarett gab´s auch Russen. Die waren in Gefangenschaft geraten. Mit welcher Überzeugung die wohl in diesen Krieg gezogen sind? Man konnte sich ja nicht verständigen. Die konnten kein Deutsch und wir kein Russisch. Aber es waren auch Menschen. Die Russen waren sehr tapfer gewesen. Schade, dass man damals die Sprache nicht konnte. Die meiste Zeit bin ich aber bei den Deutschen gewesen. Ich bin die ganze Zeit in Lazaretten herumgekugelt. Ich hatte zuerst noch einen längeren Stumpf. Man mußte ein paar Mal nachamputieren. Wundfieber hatte ich auch. In Bautzen bin ich lange im Lazarett gewesen. Da war´s schon wieder wichtiger, auszugehen - mit zwei Stöcken. In Gefangenschaft war ich nicht, kam immer rechtzeitig weg – von Bautzen nach Breslau. Da haben uns die Tschechen rausgejagt. Ich hatte inzwischen meine Frau kennengelernt, mein Sohn war schon zwei Jahre alt, als wir fliehen mußten. Wo haben sie uns hingejagt? Wir kamen nach Berkheim zuerst ins Vereinsheim, dann in eine Wohnung und noch eine Wohnung. Schließlich haben wir gebaut"

Geheimnis
„Der Mann einer Tante war im Führerhauptquartier. Ende 44 ist er letztmals auf Urlaub gekommen. Er durfte nicht sagen, wo er herkam, und in welche Richtung er wieder fuhr. Das war schon alles geheim."

Die Rettung
„Ich war fünf Jahre lang Rotkreuzschwester. Mein Mann war Berufssanitäter. Zusammen mußten wir einen Mann abholen, der war schwer krank. Als wir hinkamen hat es rechts und links aus den Trümmern geraucht. Da sind wir erschrocken. Wir fanden ihn praktisch mit letzten Atemzügen zwischen den Trümmern auf einem Kohlenhaufen liegend. Als wir draufgetreten sind, kamen die Braunkohlen ins Rutschen. Rechts und links haben da schon Flammen gezüngelt. Man denkt nicht nach in solchen Momenten. Wir waren nur froh, da alle wieder herauszukommen. Wir haben ihn noch rausgebracht. Auch ins Lazarett haben wir ihn noch gebracht. Er hat überlebt. Nach dem Krieg habe ich ihn noch besucht."

Der Hilfsausbilder
„In Russland hatte ich den 'Heimatschuss´ wegbekommen. Es war keine Absicht. Das soll´s auch gegeben haben, dass sich einer selbst zum Krüppel schoss. Ich war in Lazaretten in Polen und Niederschlesien. Ich habe Glück gehabt. Ich war rechtzeitig in einem altdeutschen Lazarett, sonst hätten mich die Russen schon einkassiert. Ich kam zur Genesenenkompanie. Eines schönen Tages gingen wir zum Austreten- den Stahlhelm auf dem Kopf. Da stand plötzlich ein fremder Offizier. Er hat Soldaten als Hilfsausbilder gesucht. Ich war kein Offizier, aber ich habe Männchen gebaut. Ich dachte, vielleicht kann ich mich noch ein bißchen von der Heimat verwöhnen lassen. Ich war ein guter Soldat damals. Der fremde Offizier hat mich dann gefragt. Hilfsausbilder?

Besser als zurück nach Russland war's allemal. Ich hab's dann gemacht. In Augsburg habe ich so junge Burschen ausgebildet, die waren vielleicht 16, 17 – so jung, dass sie das mehr vom sportlichen Ehrgeiz her gesehen haben. Wir kamen zum Einsatz, da wurde der Ernstfall geprobt. Wir kamen an einen kleinen Ort im Elsaß. Die Franzosen hatten das nicht mehr. Teilweiße waren die Amerikaner da im Einsatz. In einer Ortschaft waren Amis, in einer Franzosen, die Deutschen dazwischen auch noch dabei.
Ich bin in französische Gefangenschaft gekommen an Heiligabend 44. Viele der jungen Burschen, die ich ausgebildet habe, sind an diesem Tag gefallen. Mein Gott, ich habe das noch plastisch vor Augen."

In der Mühle
„Ich hatte Verwandte in Weil in Schönbuch. Mit meinem Schwiegervater wollte ich da hin. Ich hatte die Rotkreuzuniform an und die Haube. Wir sind zu Fuß zum Stuttgarter Hauptbahnhof gelaufen und in den Zug gestiegen. Aber der Zug fuhr nicht los. Es war mitten im Bombenkrieg. Der Schaffner war ausgestiegen. Der hatte Angst bekommen. Wir fanden einen Langholztransporter. Der Fahrer sagte, er könne uns nicht helfen, aber wir dürften hinten aufsteigen. Die Hölzer auf dem Anhänger sind ins Drehen gekommen, als wir hinaufstiegen. Wir hatten Todesangst. Aber wir sind heil angekommen bei einer Mühle in der Nähe von Weil. Die Müllerin ist immer so um mich herumgestrichen. Sie hat mein Schwesternkleid gesehen, das war schwarz und weiß gestreift. Sie könne das so gut gebrauchen als Verkäuferin von Mehl, meinte sie. Ich sagte, ich müsse bei meiner Verwandten was anderes zum Anziehen besorgen. Von da hab ich ihr das Kleid geschickt. Ich bekam einen Mehlsack dafür, einen kleinen mit fünf Kilo – war ich selig. Der Müller hatte auch Waffeln. Wenn ich da nur eine hätte bekommen können für die Kinder. Der Müller sagte, wenn ich eine ganz hinunterbrächte, gäbe er mir noch eine mit. Ich hab's nicht geschafft, mich hat's gewürgt. Trotzdem gab er mir einen ganzen Kranz Waffeln. Zuhause dann sind die Kinder vor Freude um den Tisch gesprungen.
Wir hatten immer Flüchtlinge da. Die müssen meine Adresse untereinander weitergegeben haben. Einmal war ein reicher Baron dabei. Als er weg war, krochen meine Kinder unter den Tisch um Weißbrotreste zu suchen. Da rief meine Tochter – Moment, wie hat sie gesagt - jetzt weiß ich's wieder: `Mama kuck mal, Breckelzucker!´ Was Würfelzucker ist, wußte sie nicht."

Angst
„Was haben wir eine Angst gehabt, als die Russen kamen. Die haben doch so viele Frauen vergewaltigt. Einmal habe ich zu meiner Mutter gesagt: `Ich springe lieber in die Aschengrube.´ Sie hat gesagt: `Du spinnst wohl´. Einmal bin ich aus lauter Angst aufs Dach geklettert. Ich hatte lange noch Teerflecke an meinem Kleid. Als sie dann aber mit den Gewehrkolben unten an die Türe pochten, hatten die Männer doch noch viel mehr Angst als wir Frauen. Wir zwei Frauen sind dann hinuntergegangen. Sie hatten Menschen dabei, die aus dem

Tschechischen vertrieben waren. Die mußten wir schlafen lassen. Da war dann das ganze Haus voll. Ich sah auch Männer mit Lumpen an den Füßen nach Hause laufen. Mein Gott, jetzt kommt das alles wieder hoch. Manchmal ist es gar nicht mehr recht in Erinnerung... . Nein, Sie tun mir nicht weh, wenn Sie fragen. Es ist so gewesen, und es ist Vergangenheit. Man kann darüber reden."

Lug und Trug

„Bei uns gab´s einen Bauernhof. Die hatten acht Kühe. Ich kann sie heute noch sehen, wie sie nach dem Bombenangriff tot da lagen. Von der einen Seite kamen damals die Amerikaner, von der anderen die Franzosen. Wir hatten auch Fremde im Haus, Schwarze. Gegenüber saßen sie auf den Simsen und haben sich wohlgetan, an den Flaschen gedudelt, die sie da fanden. Wir hatten nichts zu leiden unter ihnen. Im Schwarzwald, in Freudenstadt haben die Franzosen ganz anders gehaust. Wir mußten für Lebensmittelkarten von Wäldenbronn durch die Weinberge nach Obertürkheim laufen. In Esslingen gab´s für uns keine, wir mußten nach Obertürkheim, weil es zu Stuttgart gehört. Auf dem Rathaus war ein Franzose, dem die Eltern im Krieg gestorben waren. Der wollte wohl Rache. Damals war ich wieder froh an unserer Gaisenmilch. Ich hatte drei Jungen fünf, drei und zwei Jahre alt.
Mein Mann war in Russland geblieben. Ich hatte ihm immer selbstgebackenes Brot geschickt. Ein Mal kam noch ein Brief, wie sehr er sich darüber gefreut hat. Dann wunderte ich mich, dass nichts mehr kam. Nur noch so einen kleinen Brief hab ich gekriegt, unterzeichnet von einem Major Schulze: Schütze ... Grab so und so, Reihe so und so. Es war bei Rischow, im Norden, sechzig Kilometer von Moskau. Später habe ich einen gefragt, der da bescheid wußte. Dort war der Boden damals bockelhart gefroren. Die haben gar keinen beerdigen können. Alles Lug und Trug."

Kalter Winter

„Gestern war der Putin auf Besuch beim Schröder. Der hat gelöst ausgesehen. Nun ja, wird froh gewesen sein, mal wieder ins Warme zu kommen. In Russland ist´s doch immer nur kalt. So wie 42, Mann, war das ein kalter Winter. Pelze haben sie gesammelt in der Heimat für uns. Und dann... wurden Geschäfte gemacht mit den Pelzen. Wir an der Front haben weiter gefroren.
Gestern kam auch was über die SS im Fernsehen, haben Sie´s gesehen? Und die Alten, die da gesprochen haben. Alles Schmuh, sag ich Ihnen. Die reden alle nach dem Thermometer, ob´s warm steht oder kalt. Ich war ja nicht bei der SS. Aber was wir wußten, teilweise mitkriegten ... fürchterlich, fürchterlich. Aber in jedem Land gibt es bewölkte Zeiten. Man kann nur vorwärts leben, dem Guten zu. Kriege wird´s auch immer geben. Und wissen Sie wer das will? Immer die, die im Warmen sitzen und dicke Zigarren rauchen."

Krankes Kind

„Es kamen Soldaten ins Haus – Franzosen, sie haben laut gepoltert. Wir haben vor Angst gezittert. Sie haben uns alle rausgeschickt und das Haus nach Waffen durchsucht. Ich habe einem bedeutet: `Kind malade´. Meine Tochter hatte nämlich Grippe. Er hat den Finger an die Lippen gelegt und gesagt:`Krankes Kind.´ Da haben sie nicht mehr gepoltert. Man kann nichts sagen, sie haben Rücksicht genommen und leise gemacht.“

Der Liebling des Dorfes

„Da war der fremde Soldat, ein Kriegsgefangener, ein Franzose. Er ist umgekommen, ganz zum Schluß. Wir haben ihn alle gern gehabt. Er hatte sich im Heu verkrochen in der Scheune unserer Bekannten. Ausgerechnet da ist eine Bombe hinein. Das ganze Dorf hat getrauert. `In der letzten Stunde mußte er noch sterben,´ hat es geheißen. Er war so nett. Allen Leuten hat er geholfen. Der Liebling des Dorfes war er. Bei uns auf dem Friedhof wurde er zunächst begraben. Später hat man ihn in die Heimat zu seiner Braut überführt.
Nach dem Krieg ist mein Vater erblindet. Mein Bruder war vermißt im Mittelabschnitt bei Smolensk. Der andere Bruder hatte eine Milchwirtschaft in Thüringen. Der konnte seine Eltern aber in dieser Lage nicht alleine lassen. Er ist zu Fuß über die Sektorengrenze gegangen und mit seiner Familie bis in den Hunsrück gelaufen.“

Schipp, Schipp, Hurra

„Ich bin 1930 geboren. Eingeschult wurde ich 1937. Vier Jahre ging ich in die Oberschule, was der heutigen Realschule entspricht. 1943 wurde ich mit der Schule von Stuttgart nach Wasseralfingen verlagert. Kurz vor Kriegsende war ich auf dem Land im Hohenloischen im Kreis Öhringen. Auf dem Bauernhof habe ich auch erlebt, wie die Amerikaner einmarschiert sind. Ein junger Kerle hat´s mit meiner Großmutter gut gekonnt. Der hat ihr auch Schockolade gegeben. Als sie weitergezogen sind, haben sie einen Besen verlangt und die Zimmer selbst gekehrt.
Vom Hof meines Onkels hatten sie auf das Nachbardorf geschossen. Dort hatten sich ein paar Verrückte verbarrikadiert, ich weiß nicht, ob´s SS- Einheiten waren. Da sind ein paar Panzer aufgefahren und dieser Krieg war auch aus. Der Nachbarhof hatte Pech mit seiner Besatzung. Da mußten ein paar Frauen vor Angst auf eine Miste hinausspringen. Ich weiß aber nicht, ob die Kerle Ernst gemacht hätten. Ein Großbauer im Ort wollte mich überreden, nicht mehr auf die Schule zu gehen. Ich hätte Pferdeknecht werden können. Das war was besseres. Der mußte keine niedrigen Arbeiten verrichten, wie der gemeine Knecht. Der Bauer hatte gesehen, wie ich beim Onkel mit den Pferden umgehen konnte.
Ich kam zurück nach Zuffenhausen. Da hat man warten müssen, bis die Schule wieder aufgemacht wurde. Man hat so lange bei der Stadt Stuttgart arbeiten können: `Schipp, schipp, hurra´, Trümmer räumen. Das war sehr unbeliebt, denn

es war sehr harte körperliche Arbeit. Beliebter war die Arbeit bei den Amerikanern, die Villen beschlagnahmt hatten. Das war ohne Bezahlung, aber es gab alles, was das Herz begehrte: Kaugimmi, Zigaretten, Kaffee. Einmal haben wir gestreikt, weil es sehr spät war. Da kamen Männer mit Gewehren und haben uns wieder zum Arbeiten gebracht.
Anschließend ging ich auf's Gymnasium. Ich bin aber ein Jahr vorher abgegangen, weil meinem Vater das Geld ausging. Er sagte, bis zum Abi würde er mich noch durchbringen. Aber studieren lassen könne er mich eh nicht. Soldat war er gewesen vom ersten Tag. Er war arbeitslos geworden, weil er in der falschen Partei gewesen ist, Stichwort: Entnazifizierung. Sie haben ihn aber erst entlassen, als seine Firma wieder aufgebaut war. 1948 begann ich die Lehre als Industriekaufmann. Nach vier oder fünf Jahren in einem Wohnungsbauunternehmen wurde ich für 4 Jahre bei einer größeren Firma Verkaufsexportsachverwalter. Nach acht Jahren wechselte ich bei der selben Firma in die Personalabteilung. Dort blieb ich bis zum Ausscheiden. Gearbeitet habe ich in Stuttgart, Feuerbach und Waiblingen. 19 Jahre war ich ehrenamtlicher Richter am Arbeitsgericht Stuttgart. Da gab es zwei Beisitzer, einer von Arbeitgeberseite, einer von Arbeitnehmerseite, der war ich. Wir sollten nach Praxis urteilen, nicht allein, wie es im Gesetzbuch steht. Da durfte man keine Flaschen hinschicken, wenn man das so sagen darf. Hobbys waren Fußball, bis in die Würrtembergische Jugendauswahl, Kegeln und Tischtennis, Skat und Schach nebenher. Ich bin Hundeliebhaber, insgesamt 35 Jahre war ich im Hundesportverein. Seit 1957 bin ich verheiratet, immer mit derselben Frau. Wir haben vier Kinder und sieben Enkel."

Die Schwangere
„Die Frau in der Wohnung unter uns hatte schon fünf Kinder. Nun war sie wieder schwanger. Ich habe auf sie aufgepasst. Sie ließ mir immer ausrichten, es gehe ihr gut, noch keine Wehen. Ihr Mann hat mir das immer überbracht. Irgendwann hab ich ihm gesagt. `Das glaub ich nicht mehr, was sie mir da erzählen.´ Ich habe nachgeschaut. Es war fünf Minuten vor Mitternacht. Ich hatte recht, höchste Zeit war's. Wir sind losgelaufen von unserem Haus mitten in Esslingen. In Kennenburg war damals eine berühmte Frauenklinik, ein renomierter Frauenarzt. Den Berg am Friedhof ist sie schon nicht mehr recht hochgekommen. Sie hat sich setzen und verschnaufen müssen. Droben an der Kreuzung, wo es links nach Wäldenbronn und rechts nach Kennenburg geht, wurden wir plötzlich angerufen. `Stop, keinen Schritt weiter!´ Soldaten waren es – Franzosen. Auch Polen waren dabei. Vor denen hatten wir besonders Angst. Ich rief: `Da ist ein schwangere Frau, das sehen Sie doch.´ Wir haben einen Ausweis zeigen müssen, dann durften wir weiter. Aber sie haben mit Revolvern und Gewehren nach allen Seiten gesichert. Vor der Klinik habe ich geschrien und geklopft. Alles war finster. Es hat uns niemand gehört. Ich wußte noch einen anderen Weg zur Wäscherei der Klinik. Der war nur für solche, die sich auskennen. Ich kannte ihn, weil ich eine Bekannte weiter droben in Hegensberg

hatte. Er ging zwischen Stacheldraht. Am Ende mußten wir da drüber. Können Sie sich das vorstellen, eine hochschwangere Frau über Stacheldraht bringen? Ich hab's aber geschafft. Dort vor der Wäscherei hörte man uns. Ich hab die Frau abgeliefert und wollte gleich wieder heim. Aber der Arzt hat gesagt, das lasse er auf keinen Fall zu, dass ich noch einmal in die Nacht hinauslaufe. Er hat mir eine warme Decke gebracht. Ich durfte dann sogar im Kreissaal dabei sein, das war interessant. Als alles vorbei war, sagte der Arzt zu der Frau: `Sie haben mir doch schon beim letzten Mal gesagt, dass es jetzt genug sei mit den Kindern.´ Sie versprach ihm hoch und heilig, jetzt sei's wirklich genug. Hat sie aber nicht gehalten. Es sind noch zwei gekommen. Ich hab dann zwar schon wo anders gewohnt. Aber das hab ich noch mitgekriegt.

Der Mann dieser Frau war Ingenieur. Der muss einmal in eine Kasse gelangt haben. Da ist einer bei mir aufgetaucht, der hat sein Revers zurückgeschlagen. Dort hatte er seinen Ausweis. Er war Polizist. Ich habe gesagt, das sei dem Nachbarn seine Sache. Er sagte aber, er wolle von mir was wissen. Anscheinend waren alle Nachbarn unter Verdacht. Er wollte wissen, wie wir eingerichtet seien. Ich sagte: `Normal, gut bürgerlich halt.´ Am Ende hat er den Verdacht fallen gelassen. Ich weiß nicht, vielleicht hat der Nachbar auch gespielt."

Wurst holen

„Mein Schwager war in Weissach, Wurst holen und Brot. Von Gablenberg ist er gelaufen und ein Stück mit dem Bähnle, der Weissacher Bahn gefahren. In Weissach war ein Onkel, der war Bauer. Der hat einem das Sach gegeben. Wir mußten froh sein, wenn es ihm keiner mehr weggenommen hat. Wir hatten immer Angst, waren aber froh, wenn er was brachte.

Milch haben wir im Schurwald geholt. Einmal kam da ein Franzose. Er hat das eine Kännchen für sich genommen, eines durften wir behalten. Was sollte man machen? Man konnte sich nicht wehren. Die Amerikaner waren da netter. Unser Brot war angelaufen und grün, wenn man es abgebrochen hat, hat es Fäden gezogen. Brezeln habe ich selbst gebacken – mit Maiskörnern. Das gemahlene Maismehl war nicht schwarz und wurde nicht schimmelig. Es hat richtig gut geschmeckt."

Der Brezeldieb

„Damals habe ich mit einem Schulkammeraden das erste Mal geklaut. Man hat noch diese Märkchen gebraucht. Wir haben jeder eine Brezel in die Knickebokerhose eingesteckt. Der Bäcker hat noch etwas gesehen und gerufen: `Was habt ihr da, ihr Lumpen?´ Ich hab ganz frech gesagt: `Suchen Sie uns doch aus´. Unten in der Knickeboker hat er nichts gefunden. Ich hatte Angst vor der Mutter, die war sehr streng. Einer hat noch gesehen, wie wir draußen die Brezeln aus den Hosen zogen. Er dachte, da stimmt was nicht. Er wußte nichts besseres, als es der Mutter zu erzählen. Sie hat uns nichts getan, schlagen konnte sie nicht. Aber man war doch gekränkt. Wir haben's doch nur aus Hunger getan."

Aus Schlesien

„Ich bin in Schlesien geboren in Königshütte. Das wollten dann die Polen haben nach dem ersten Weltkrieg. Deshalb sind wir nach Neiße zurück, da war mein Vater geboren. Polen hatten zuvor weiter unten in den Hütten gearbeitet, da gab's große Hütten. Die waren nett. Gegen die gab es nichts zu sagen. In Neiße hat man Deutsch gesprochen. Dort ging's uns ordentlich. Die Bauern haben für uns gesorgt. Um Neiße herum gab's überall Bauern. Die Landschaft war auch gut. Ich war sechs Jahre, als ich da hingekommen bin. Mein Vater war Rektor an einer Schule. Erst ist er auf dem Dorf ausgebildet worden, in Ziegenhals, dann ist er nach Breslau auf die Universität gekommen. Ich habe Kindergärtnerin gelernt und Hortnerin. Wir waren die Woche über in der Stadt und am Wochenende wieder auf dem Land.

Im Krieg haben wir einiges mitbekommen über die Wochenschauen. Wenn einer was gehört hat, hat er's gleich weitergesagt. Man hat schon geglaubt, wir gewinnen. In der Nähe war das Arbeitsamt. Da konnte man sich jemand kommen lassen, der putzen hilft und anderes. Das war die Gisela. Sie war damals sehr jung. Als wir dann in den Westen kamen, hat sie sich wieder gemeldet. Sie hatte schon länger im Westen gelebt. Später waren da Soldaten an der Oder. Die konnten immer bei uns duschen. Sie haben uns Schockolade gebracht, weil sie sagten: `Das geben wir jetzt nicht den Polen´. Die Soldaten haben uns gesagt: `Ihr müßt jetzt raus´. Mit dem letzten Zug sind wir dann weg. Wir sind durch Tschechien gefahren. Da haben sie uns dämlich angeglotzt, weil sie dachten, wir seien Tschechen. Ich hatte zwei Kinderwägen dabei, einen Kinderwagen und einen Sportwagen. Wir waren zu mehreren im Wagon. Es war eng. Wir sind bei Passau gelandet. Ganz zum Schluß waren wir in Österreich, in Ried in Niederösterreich. Da hat man gesagt: `Ihr macht das, Ihr macht das...´ Ich sagte: `Ich gehe Treppe putzen.´ Dabei hielt ich Ausschau nach dem Arzt. Meine Tochter war nicht ganz auf der Höhe. Da kam ein Bauer. Ich dachte, er sei der, der gesund macht. Er sah mich putzen und sagte: `Ich nehm euch alle mit.´ Er hat seinen Wagen geholt und uns alle nach Hause genommen. Er hat uns ein Zimmer eingerichtet. Meine Schwester und ich haben gekocht. Die Bäurin war ganz platt, was wir alles kochen konnten. Ich wollte wieder nach Hause, Wäsche holen. Alles, was wir hatten, war doch in einem Koffer. Es war doch noch nicht so weit weg. Aber die Soldaten auf der Straße haben mich nicht gelassen. Die waren doch froh, wenn wir alle wieder beisammen waren. ...ob ich Angst hatte vor den Russen? Och, die werden noch nicht so weit gewesen sein. Später sind wir dann nach Backnang und nach Weidach gekommen. Wir waren bei verschiedenen Leuten untergebracht. In Bartenstein in Hohenlohe haben wir aber in Schulen geschlafen. Da kam dann mein Schwager. Mein Mann blieb im Krieg vermißt. Die eine Häflte des Schlosses war ein Heim für alte Flüchtlinge aus dem Osten. Da hat die Caritas mich als Leiterin ausgesucht.

In Berlin war damals eine Tante von mir, eine Ordensschwester. Nach der mußte ich auch einmal sehen. Es gab diese Besatzungszonen. Ich bin bei Nacht und Nebel gefahren. In Berlin habe ich einen gefragt. Er hat gesagt, man könne noch ein Stück mit dem Zug weiterfahren, dann nach vorne gehen."

Die Explosion

„Übers Kriegsende 1945 mußten alle aus der Wohnung raus. Nur wir nicht, weil wir eine Doppelhaushälfte hatten mit einem Lebensmittelgeschäft darinnen. Am 4. Juli 1945 gab es eine große Explosion durch die Amerikaner. Wie die ausgesehen haben, als man sie auf den Tragen wegbrachte. Einer hatte im Munitionsauto geraucht. Es gab 96 Tote, vier Deutsche, die anderen Amerikaner. Die waren dort angetreten. Mein Vater war da gerade aus Kriegsgefangenschaft zurück. Der hat etwas geahnt, als er die Munitionsautos sah. Als er das Geräusch hörte, wußte er gleich, was passieren würde. Er hat sich im Garten hingelegt. Ihm ist nichts passiert. Mir standen im Flur zwei Kleiderschränke im Weg. Alles war voll Trümmer. Meine kleine Schwester habe ich aus dem Bett geholt. Sie war zwei, ich war 15 Jahre alt. Da war Blut. Ich dachte, das ist von dem Kind. Aber es war mein eigenes. Das Kind war unverletzt. Ich hatte 18 Splitter abbekommen. Daher habe ich heute Plage mit dem Trigeminus. Das hat aber erst mit den Wechseljahren angefangen. In Gerabronn gab es nur eine Ärztin, die nicht operiert hat. Deshalb kam ich auf Schloß Langenburg ins Behelfskrankenhaus. Zwei haben sie nach Schwäbisch Hall gebracht, weil da das Lazarett vom Fliegerhorst war.
Man hat das Ganze auf die Deutschen geschoben. Da war einer, der war oben nicht mehr ganz richtig, der sollt's dann gewesen sein. Zum Schluß blieb aber hängen, dass ein Amerikaner im Auto geraucht hatte.
Ein Glück hatte ich dabei. Ich durfte meine langen Zöpfe schneiden lassen. So hätte ich das nie gedurft. Meine Großmutter hätte es nicht zugelassen. Jetzt aber haben sie verheerend ausgesehen. Auf dem Birnbaum hat mein Vater noch eine Hand gefunden. Wir konnten den Baum nicht mehr abernten. Im nächsten Jahr haben wir ihn dann umgeschlagen. Wir haben dann Zementziegel genommen und nach dem Schlachten Speck und Rauchfleisch. Alles hat man gebraucht, damit unser Haus wieder ein Dach bekam. Meine Großmutter war Schneiderin, die hat genäht, damit wir uns wieder Fenster leisten konnten.
Letztes Jahr waren noch zwei Amerikaner da, die das miterlebt haben. Es gab die ganze Zeit über Kontakte. Sie haben einen Ring bekommen, den mein Vater damals fand. Sie wußten, wem der gehört hatte. Die Buchdruckerei hat ein Buch gemacht über die Explosion von Gerabronn. Daran haben sie mitgearbeitet.
Wissen Sie, was für uns die Sensation war: Alle, die in der NSDAP waren, mußten den Schutt vor unserem Haus wegschippen, der Bürgermeister, der von der Bank. Nachher sind sie nach Ludwigsburg ins Gefängnis gekommen. In Langenburg im Krankenhaus waren Schwestern des Fürsten, die sind auch fortgekommen, auch auf dem Asperg gelandet. Dabei mußten die doch in der Partei sein. Was Partei war und so, das hat uns damals nicht interessiert. Wir

waren bei den Jungmädeln und BDM. Die Margarita, die Fürstin, die war Griechin, die war neutral. Die hat man nicht mitgenommen. Sie hat fünf Kinder gehabt. Ein Mal war alles vorbereitet im Krankenhaus in Schwäbisch Hall. Aber sie hat in der Kammer, wo die Gartenmöbel standen, Zwillinge geboren. Die sind inzwischen auch schon tot, das hat mir neulich meine Schwester erzählt."

Der Kriegsgefangene
„Ich war in Kriegsgefangenschaft in einem französischen Posten, und hatte Arbeitsdienst in einer Militärschule. Da gab es einen Kommandeur, der hatte eine große deutsche Bibliothek. Wo er die her hatte, weiß ich nicht. Er sprach perfektes Deutsch, war hochgebildet und hatte Verständis für uns Kriegsgefangene. Er hat mich in die schöne deutsche Bibliothek schauen lassen. Dort habe ich unter anderen Büchern den `Lichtenstein´ gefunden, mit vielen Abbildungen und der ganzen Geschichte. Ich durfte das Buch mitnehmen ins Lager, da hab ich´s gelesen. Später sollte ich den Lichtenstein selbst kennenlernen...
Ich wollte so früh als möglich heim, doch konnte ich keine Adresse angeben. Meine Eltern waren aus der Heimat evakuiert. Die Zeit von zwei Jahren war Luft. Ich habe nicht gewußt, ob die Meinen noch leben und umgekehrt, luftleerer Raum sozusagen.
Wir waren zehn Geschwister im Sudetenland – fünf Mädchen, fünf Jungen. Mein Vater ist im Mai 47 in Ulm verstorben. Ich konnte ihn nicht mehr wiedersehen. Ein Bruder hat in Dresden seine Heimat gefunden, einer ist im Krieg gefallen. Zwei Schwestern hatten in Hof Unterkunft gefunden, eine davon war im Krieg Krankenschwester in den Lazaretten. Eine Schwester ist mit meinem Schwager und meinem Neffen in Ruit untergekommen, von einer anderen weiß man, dass sie mit dem Schwager beim Einmarsch der Russen in Wien den Tod fand. Das sind alle. Die anderen sind vorher schon gestorben – in der Heimat noch.
Durch das Rote Kreuz erfuhr ich nach zwei Jahren, dass meine Schwester, mein Schwager und mein Neffe in Ruit waren. Ich habe aus französischer Kriegsgefangenschaft Kontakt aufgenommen. Die Entlassung durch die Franzosen erfolgte sofort nach Bekanntgabe der Adresse. Im Mai 47 bin ich über Tübingen, die Entlassungsstelle, nach Ruit gekommen.
Die Franzosen hätten mich gerne behalten, denn ich konnte mich schon recht gut verständigen. Aber ich dachte mir Deutschland ist Deutschland."

Der Lichtenstein
„Ich bin aus französischer Gefangenschaft entlassen worden und zu meinen Angehörigen nach Ruit gekommen – im Jahre 47. Ich bin gut aufgenommen worden von den Ruiter Schwaben in ihrer Gesellschaft. Manche Ansässigen hatten schon alles, ich hatte gar nichts. Doch bin ich wirklich gut aufgenommen worden und habe mich gut einleben können. In Ruit habe ich einen Bekannten, einen ehemaligen Kriegsteilnehmer wiedergefunden, der mir über die schlechte

Zeit quasi ausgeholfen hat. Sie sind doch ganz andere Menschen die Schwaben. Wir sind doch alle Deutsche, doch in der Lebensweise von uns drüben und hier gab's Unterschiede. Zuerst habe ich aber den Most kennengelernt.

Bei einem Schwaben in Ruit fand ich wieder das Buch 'Lichtenstein', das ich nach der Gefangenschaft zurücklassen mußte. Mit diesem Roman bin ich intensiv in die Geschichte Württembergs eingeführt worden. In der Heimat hatte ich mich schon mit griechischer Geschichte beschäftigt, jetzt mit schwäbischer Geschichte. Durch Verbindung mit dem Schwäbischen Albverein und dem Turnverein machte ich auch Bekanntschaft mit den Scharnhausenern. So habe ich in Scharnhausen meine Frau kennengelernt und geheiratet. Auch mit meiner Frau habe ich mich intensiv über die schwäbische Geschichte unterhalten.

Der Lichtenstein liegt nicht weit. Ich äußerte bei meiner Frau den Wunsch, einen Ausflug per Fahrrad zum Lichtenstein zu machen. Wir sind in der Frühe aufgestanden, an einem schönen Sommertag, sind per Fahrrad über Neuhausen, Wolfschlugen weiter nach Honau und hinauf zur Hochebene von Lichtenstein, Bärenhöhle und Nebelhöhle gefahren. Es war schon eine Sehenswürdigkeit, das wunderschöne Schlößchen Lichtenstein einmal in Natura zu erleben. Neben vielen Bildern im Schloß war auch das ganze Schloß eine Sehenswürdigkeit, kann man sagen, – eine ausgesprochene Ritterburg, auf einem Felsklotz gelegen, noch mit Zugbrücke, wie damals die Ritterburgen gebaut waren. Nach Besichtigung der Burg und verschiedener Höhlen und einem guten Vesper haben wir dann die Heimreise wieder angetreten. Mit diesem Ausflug zum Lichtenstein war der ganze Tag ausgefüllt. Den braucht man schon. Am Abend um elf Uhr sind wir wieder in Scharnhausen angekommen. Das war der erste große Ausflug in meiner Heimatgemeinde – jetzigen Heimatgemeinde, wo ich sehr gut von der Bevölkerung aufgenommen wurde.

Man sieht von hier den Lichtenstein mit dem Fernglas, vielleicht auch mit blankem Auge, ganz klein, wie Spielzeug.

Die Geschichte ist sehr interessant und sehr lehrreich. Ich habe sie kennengelernt durch das Buch, das ich schon in Kriegsgefangenschaft fand."

Sie lachen trotzdem noch

Vieles, was in den letzten Zeilen steht, war scheußlich, vieles war schwer. Die Menschen, die es erlebten, werden vielleicht heute noch mit mir lachen. Mit so vielen habe ich schon geblödelt und Freude gehabt, denen aus so vielen Gründen das Lachen hätte vergehen können. ... sie haben trotzdem wieder ihr Lachen gefunden.

Ein Versuch, diese drei Punkte durch Worte zu ersetzen, muß immer Stückwerk bleiben, denn an ihrer Stelle könnte der Inhalt Hunderter von Büchern stehen. Ich mache mich dennoch ein bißchen an dieses Stückwerk heran:

In der Kindheit wurde brutal geprügelt... . Der wertgeschätzte Onkel grapschte an den falschen Stellen... . Das liebste Spielzeug zerbrach all zu früh... . Man verlor die Kindheit durch Arbeit... . Die Lehrer verstanden seinerzeit mit Hingabe zu strafen und zu demütigen... . Der Geborgenheit spendende

Kletterbaum fiel einer Axt zum Opfer... . Die erste Liebe hinterließ ein großes schwarzes Loch in der Seele... Träume wurden zu Nüchternheiten... . Der triste Alltag war oft ausbruchssicherer als das tiefste Verließ... . Der Sturz kam in Arbeitslosigkeit und Sinnkrisen... . Die Schuftrei wurde unvorstellbar hart... . Man schritt an den Abgründen von Revolution und Inflation... . Der politische Terror schlug an jeder Ecke zu... . Die psychischen Gefängnisse der Diktatur kamen... . Man hatte das ekelhafte Gefühl, vielleicht vom besten Freund bespitzelt zu werden .... Ein unbedachtes Wort konnte bereits zu Gefängnis oder Schlimmerem führen... . Die verholenen Schuldgefühle waren da... . Man wurde unvorstellbar belogen... . Die Männer mit zogen mit Gewehren aus und mußten in Massen verbluten... . Man saß seine besten Jahre hinter Stacheldraht... . Herzen wurden stumpfgemacht, gefühllos für Entsetzen und Tod... . Der irrsinnige Blutrausch nagte sich in die Seelen der Kämpfer... . Asche und Feuer fielen vom Himmel und fraßen ganze Städte... . Der quälende Hunger legte seine schwere Hand über alle... . Es wurde in Massen vergewaltigt... . Ein durch Gehirnwäsche erbautes Weltbild zerbrach... . Das Leben mußte aus den Trümmern wieder emporwachsen... . Tausende Witwen, Tausende Entfremdete geisterten durch die toten Landschaften... . Das Leben war oft inhaltsleer... . Freundschaft und Beziehung zerbrachen, oder es wurde stumpf nebeneinander her gelebt... . Die Einsamkeit wurde riesig und unüberwindbar inmitten von Menschenherden... . Die rasende Geschwindigkeit der Zeit wurde mehr und mehr erkannt... . So vieles blieb unerfüllt... . So viele Erfüllungen entpuppten sich als leere Luftblasen... . Kinder starben... . Kinder entfernten sich... . Kinder entfremdeten sich... . Krankheit und Einschränkung kamen ... . So vielerlei persönliches Versagen wurde gefühlt... .

... sie haben trotzdem ihr Lachen wieder gefunden. Fast täglich bin ich Zeuge davon. Das gehört zu den besten Schulen des Lebens. Glaub mir! Die alt wurden und immer wieder zum Lachen fanden sind unsere wahren Helden - und nicht irgendwelche Pop- oder Fußballstars.

Die Witwe

„Als der Krieg angefangen hat ist mein Mann weggekommen, schon in den ersten Wochen hat er fortgemußt. Ich war also verheiratet und doch nie richtig verheiratet. Er ist nicht wiedergekommen. Er war vermißt. Wo? In Frankreich? Ich müßte nachschauen, weiß aber gar nicht recht, wo's geschrieben steht. Ich hab keinen Mann mehr gehabt, keinen mehr auch nur angeschaut. Wenn er noch was hätte sagen können, hätte er wohl gesagt, ich soll mir wieder einen suchen. Ich hab nichts gemacht und mich nicht mal einladen lassen. So eine treue Frau wölltest Du doch auch? Was meinst Du... ? Über den Tod müßte Dir keine treu sein, wenn Dir was zustößt? Wahrscheinlich hätt er das auch gesagt. Aber ich konnt es nicht, ich konnt es nicht.“

Das Pflichtjahr
„In der achten Klasse habe ich die Schule verlassen müssen und beim Bauern arbeiten, ohne Geld. Man hat Säcke voll Äpfeln und Kartoffeln bekommen. Nachher ist es als Pflichtjahr anerkannt worden. Nach dem Krieg hätte meine Großmutter eine Stelle als Schneiderin für mich gehabt. Aber es gab keinen Stoff. Es gab ja nichts. Da konnte man auch keine Lehre machen. Ich mußte in den Haushalt gehen und bin Haushaltshilfe geblieben.“

Die Untermieter
„Ich habe noch einem Herrn den Haushalt versorgt, weil ich Geld verdienen mußte. Außerdem hatte ich noch Untermieter, Studenten. Manchmal waren sie ein Jahr hier, manchmal zwei, drei oder vier, je nach dem, was sie weiter gemacht haben. Insgesamt habe ich wohl 30 Studenten betreut. Die Verwalterin hat mir gerne die Armen geschickt, weil es bei mir immer Kaffee und Kuchen gab. Einer war von der Alb runter, ein echter Naturbursche, aber gescheit. Sein Vater war im Krieg gestorben, deshalb hat er nebenher schon Unterricht gegeben. Früher hatten seine Eltern ein kleines Geschäft. Der ist immer zur Friedrich-Ebert-Schule gefahren – mit dem Fahrrad, freihändig. Unter dem linken Arm hatte er seine Bücher, in der rechten Hand den Regenschirm. Fast wie eine Witzfigur hat er da ausgesehen. Wenn's richtig vom Himmel geprasselt hat, habe ich immer gedacht: ʿBub, lass die Bücher doch fallen. Die sind sowieso he.ʾ
Ich hatte das Zimmer durch eine Schrankwand abgetrennt, damit sie für sich sind. Sie hatten heißes Wasser. Morgens habe ich immer Feuer gemacht. Mit einem hat meine Tochter, damals war sie ungefähr acht, immer durch's Schlüsselloch geredet. Entsprechend waren ihre Leistungen in Mathematik. Sie hat halt nichts gelernt, weil sie dauernd am Schlüsselloch war. Einmal hat sie gesagt: ʿDich heirat ich.ʾ Dazu ist's nicht gekommen. Aber wir waren auf seiner Hochzeit. Es gibt heute noch Kontakt.“

Beziehungen
„Unser Lehrer in Pirna hatte Beziehungen nach Kassel. Da ist mein Sohn hingekommen, weil er sehr krank gewesen ist. Wir sind dort mit dem Zug hingefahren, damals waren noch die Fenster vernagelt. Die Elenaklinik war renomiert. Da ist er dann gelegen. Es hat nichts genützt. Mit 18 Jahren ist mein Kleiner dann gestorben.“

Der Grabstein
„Es war unser erster Urlaub, den wir uns leisten konnten nach dem Krieg – 14 Tage am Grünen Berg bei Süßen. Dort machten wir Ausflüge nach oben zu den Hausener Felsen ... auf der anderen Seite ging der Weg über die Felder nach Hausen. Auf der Wanderung sind wir an einem Friedhof vorbeigekommen. Ich blieb draußen, weil ich nach dem Krieg auf den Tod nicht besonders zu sprechen war. Meine Frau aber hat sich die alten Grabsteine genau angeschaut. Da sagte

sie, ich solle doch einmal kommen und deutete auf einen Grabstein. Da stand: 'Hier ruht die Jungfrau Radebaul, gefürchtet durch ihr böses Maul. Sie starb schon früh bei Morgenrot; das Maul, das schlug man extra tot.´ Wirklich so stand es da. Hab ich selbst gelesen. Das ist ja urschwäbisch. Der Schwabe ist an und für sich ein lustig veranlagter Mensch, und so ist er eigentlich nicht richtig aufgefallen – der Grabstein.

Wir haben unsere Wanderung fortgesetzt. Das war im Tal rechts, oben links vom grünen Berg führte uns der Weg zum Hausener Fels. Da war, oder ist auch heute noch, die Lungenheilanstalt Hausen; Hochplateau in frischer Luft, umgeben von Wald und Wiesen.

Erster Urlaub im Schwabenland –14 Tage. Da war die Welt noch unberührt am Grünen Berg.“

Die Urlauber

„Als ich noch ledig war ging es mit dem Roller in die Schweiz, nach Spanien und England, teils haben wir im Zelt übernachtet, teils bei Bekannten. Da war ein schönes Lokal in Frankreich. Die Bedienung sah, dass wir Ausländer waren. Mein Freund konnte französisch, weil er in französischer Gefangenschaft war. Er sagte: 'Wir sind Deutsche.´ Da hat sie uns angeblitzt und weggeschickt. Es ging weiter nach Spanien. Da haben wir einen Stierkampf gesehen. Das war eine Schande – Tierquälerei. Es ist aber gut, dass ich´s selbst gesehen habe. Der Wirt war lange in Deutschland. Er sprach gut deutsch und hat uns die Landschaft gezeigt, Flecken, wo man sonst nie hinkommt. Es war ein Fußballspiel mit einer Manschaft aus Korntal. Da gingen wir hin. An der Kasse hieß es: 'Alemanos, hinein!´ Wir haben nichts bezahlt.

Zum Schluß ist es spannend geworden. Wir haben uns gefragt: 'Wieviel Geld hast Du noch?´ Wir haben zusammengeschüttet und ausgerechnet, wie viel Benzin wir brauchen. Wir schliefen nur im Zelt und aßen, was billig war. Da war noch ein kleiner Umweg drin, zu dem Bauern, wo mein Freund damals in Gefangenschaft war. Das war eine riesen Freude, da wußte man erst einmal, wie man zu einander stand. Wir haben gut zu essen bekommen. Er hatte es auch damals gut gehabt, so viel Zigaretten bekommen wie er wollte.

Unsere Bekannten in Basel waren dann aber verreist. Einmal machten wir noch den Tank voll, eine Wurst haben wir noch gegessen. Mit der letzten Mark sind wir heimgekommen. Erst hatten wir wie die Fürsten gelebt, nachher wurd´s knapper.“

Die Queen

„Königen Elisabeth war damals in Langenburg. Neulich war es wieder im Fernsehen zu sehen, wie sie beim Bürgermeister unterschrieben hat. Meine Mutter hätte sie damals besser gesehen, wenn sie auf unserem Äckerle stehen geblieben wäre. Aber nein, sie mußte nach Langenburg, wo sie fast totgetrampelt worden wäre. In Schwäbisch Hall haben sie damals extra den Salzsiedertanz gemacht.

Bekanntschaft
„Wir hatten Bekannte im Westen, in Bielefeld. Der Mann war mit meinem Mann im Krieg. Sein Sohn ist einmal ausgerissen. Die waren sehr katholisch. Er hat am Sonntag immer in die Kirche gemußt. Das wird ihm nicht gepaßt haben. Da ist er bis zu uns gekommen. Es war noch vor der Mauer, da gab's schon Schleichwege. Er hat bei uns in Pirna geschlafen. Sein Vater hat ihn dann wieder geholt. Wie der hergekommen ist, weiß ich nicht."

Herzog Karl Eugen
„Durch die Jahre haben wir viele Wanderungen gemacht auf der Alb und im Schwarzwald, teils zu Fuß teils mit dem Fahrrad. Auch das Leben in Scharnhausen war interessant. Scharnhausen ist ein geschichtsträchtiger Ort. Da ist der Pfarrer Philipp Matthäus Hahn geboren, der auch in die Geschichte von Herzog Karl Eugen und Franziska von Hohenheim einging. Auf den Karl Eugen brauchen wir nicht einzugehen. Was der gemacht hat, ist altbekannt.
Einmal, vor so zehn Jahren, hat der Vorsitzende des Albvereins auf einer Veranstaltung des Gartenbauvereins in Denkendorf gesprochen von Karl Eugen, der viel für die Bevölkerung, vorallem im Bezirk Stuttgart und Esslingen, getan hat, und sehr viel für die Nachkommenschaft auf den Fildern geleistet hat. Einige seiner Nachkommen säßen bestimmt hier im Saal...
Karl Eugen war ein zarter, rothaariger Jüngling. Er hat bei Friedrich dem Großen Staatskunst erlernt, das gehört aber nicht hierher. Er hat intensiv für die Nachkommenschaft der Schwaben gesorgt. Auch in Scharnhausen laufen noch genug Rothaarige herum."

Der Fußballer
„Ich habe in Zuffenhausen auf der Schlotwiese gespielt. Für ein Jahr bin ich nach Feuerbach gewechselt, die spielten in der gleichen Klasse. Es war ein Fehler, das merkte ich erst, als ich dort war. Ich bin zurück zum TV Zuffenhausen, die waren zwei Klassen tiefer, hatten aber eine Bombenkameradschaft. Ich habe Torwart gespielt, auch in der würrtembergischen Auswahl, bis die Finger und Handgelenke nicht mehr mittaten. Drei Mal im Jahr hatte ich Gips, weil der freundliche Stürmer nicht nur den Ball traf, sondern auch mich. Dann habe ich Mittelläufer gespielt. Höher zu wechseln war kein Thema. Mir hat's da gefallen. Man hat noch lange viel miteinander gemacht, als man nicht mehr aktiv war – bis ins hohe Alter."

Die Katzen
„In der Pliensaustraße gab es ein großes Kaufhaus. Da hat's immer so komisch gestunken. Droben hat eine alte Frau gewohnt. Einmal sind, mit Erlaubnis der Geschäftsführung, ein paar Angestellte in die Wohnung über dem Laden gegangen, um zu sehen, wo das herkommt, was da los ist. Sie haben die Türe aufgemacht. Da ist ihnen ein ganzer Schwall Katzen entgegengesprungen. So 50

Katzen müssen das gewesen sein. Die Frau hatte auch nie geputzt. Da hat's einen Rechtsstreit gegeben. Sie mußte die Wohnung aufgeben. Ist aber auch eine Verrücktheit... ."

Der Roman
Die alte Frau kann sehr böse sein und fluchen wie zehn Bierkutscher zusammen. Trotzdem muß man sie mögen und berücksichtigen, dass die alten Knochen halt sehr weh tun beim Waschen. Außerdem sind ihre ganz individuellen Wortkreationen so orginell, dass man auch in den übelsten Momenten manchmal lachen muß. Einmal sage ich ihr, man müsse einen Roman schreiben über sie. Da hört sie auf zu schimpfen und spricht ganz ruhig:
„Wenn Du Lust hast, schreib zwei!"
Ihr lachendes Gesicht, wie sie es nun zeigt, hat so viele Falten wie eine zerknüllte Zeitung. Dieses Lachen gehört auch vom ästhetischen Standpunkt zu den schönsten Momenten meiner Arbeit.
Zu einem Roman über sie hat es nicht gereicht. Aber immerhin hat sie mich zur Figur der Charlotte Gerber in nachfolgender Geschichte inspiriert. Sie ist aber nicht Charlotte Gerber. Die bleibt meine freie Erfindung. Das muß hier betont werden.

Herr Außen und Herr Innen

Es ist ein trüber Nachmittag. Verloren und fast menschenleer liegen die grünen Matten, die dunklen Forste und kleinen Dörfer vor den Fenstern der Regionalbahn, die sich mit hochtourigem Röhren vom Neckartal kommend dem Schwarzwald entgegen arbeitet. Drei Leute nur sind's, die sich heute im Großraumabteil befinden und dort so verstreut sitzen, als wollten sie damit ihre Verschiedenheit dokumentieren. Da ist Charlotte Gerber, eine feine und charmante ältere Dame auf der Fahrt zur kurzen Sommerfrische in Bad Teinach, drei Sitzreihen weiter vorn Alexander Innen, auf dem Heimweg von Rad- und Fußwanderungen im Feldberggebiet und am Fenster diagonal über den Gang Jörg Außen, Student an der Uni Tübingen ohne Lust auf die nachmittagliche Vorlesung und auch für Morgen mehr der Muße im heimatlichen Calw zugeneigt.

Die jungen Männer nehmen sich nicht wahr, Herr Innen ist in sein Buch vertieft, Herr Außen starrt gelangweilt durch die Scheibe. Frau Gerbers wache Augen gehen hinüber zu den beiden. Heimlich, aber mit deutlichem Wohlgefallen ruht ihr Blick auf Herrn Außen, bevor sie sich Herrn Innen zuwendet und missbilligend die Nasenflügel nach oben zieht.

Ein Mann in blauer Bundesbahnuniform öffnet die Ziehtüre zum Abteil und reißt Frau Gerber mit einem bestimmten „Tag, die Fahrkarten bitte!" aus ihrer Betrachtung. Während sie ein wenig umständlich nach ihrem Billet fingert, huscht Herr Außen behende auf den Platz neben Herrn Innen und flüstert ihm hastig etwas zu. Die Antwort ist ein friedliches Kopfnicken. „Danke," sagt der Kontrolleur mit kurzem Blick auf Frau Gerbers Fahrschein, dann kommt er zu den jungen Männern. „Wir beide," bedeutet ihm Herr Innen und hält sein Baden- Würrtemberg- Ticket hoch. Kurz werden die Augen des Beamten klein. Er mag nicht wirklich glauben, dass die zwei zueinander gehören. Doch wer will schon das Gegenteil beweisen? Mit dem Baden- Würrtemberg- Ticket dürfen Gruppen bis zu fünf Personen reisen. Deshalb brummt der Kontrolleur nur ein wenig unzufrieden.

Als er durch die Abteiltür abgetreten ist, stößt Herr Außen seinem Nachbarn freundlich den Ellenbogen in die Seite. „Danke," freut er sich, „übrigens: Ich heiße Außen, Jörg Außen." Der andere muß grinsen. „Und ich heiße Innen, Alexander Innen."

Befremdlich wird der Blick von Herrn Außen. „Witz?"

„Aber nein, willst du meinen Ausweis sehen?"

Jetzt lachen beide ein bißchen. Auch Frau Gerber hat zugehört und ist amüsiert. „Herr Außen und Herr Innen," murmelt sie vor sich hin, „habe ich recht gehört?" Da sie einen hellen Sinn für Situationskomik jeder Art hat, wird sich diese kleine zufällige Begegnung im Zug tief in ihr Gedächtnis prägen.

Herrn Innen allerdings, den würde sie gerne wieder vergessen. Hei, was für ein Kerl. Er hat es tatsächlich gewagt, sich die Haare lang wachsen zu lassen. Jetzt hängen sie in feuchten Strähnen herab, er muß mächtig geschwitzt haben. Das

Gesicht glänzt und ist von einer salzig weißen Glasur umrahmt. Der Kerl trägt ein kurzärmliges Fahrradhemd, das einmal weiß gewesen sein muß, jetzt aber von Schweiß und Staub ganz grau gefärbt ist. Im Bereich der Brust sind ein paar braune Sprossen vom Spritzwasser des Vorderrades. Der linke Ellenbogen ist grünlich, als habe der Bursche im Gras gelegen und sich nur notdürftig abgewischt. Am rechten Oberarm ist ein roter Striemen, den nur ein peitschender Ast im Walde verursacht haben kann. Die Fahrradhose ist schwarz und eng. Sie reicht nicht ganz bis zum sonnenverbrannten Knie. Das Buch auf dem Schoß dieses Kerls hat angegilbte Seiten und Eselsohren. An der rechten Wade ist Kettenöl verschmiert. Die Füße stecken in weißen Baumwollsocken und silberfarbenen, schon etwas ausgelatschten Fahrradschuhen mit Platten unten dran. So sitzt er da und schaut so offen und zufrieden in die Welt, als schäme er sich nicht für sein nachlässiges Äußeres. Frau Gerber ist im Innersten empört über Herrn Innen. Vielleicht sollte sie das nächste Mal erste Klasse buchen. Das kostet zwar empfindlich mehr, dafür wäre man vor solch unsäglicher Begegnung wohl sicher.

Erst als ihr Auge wieder auf Herrn Außen fällt, werden ihre Gedanken wieder freundlich. Oh, hätte sie doch eine Tochter geboren! Der Gentleman läßt sie ihre schönsten Schwiegermutterträume träumen.

Die schwarzen, modisch kurz geschnittenen Haare sind sorgfältig gegelt und nach hinten gekämmt, nicht eine Strähne stört das wohlgeordnete Bild. Die verspiegelte Sonnenbrille hat der junge Mann in die Stirn geschoben. Ein solariumbrauner Teint überzieht das ebenmäßige Gesicht mit den leicht hervorstehenden Backenknochen. Kühl und klar schauen die braunen Augen in die Welt. Blütenweiß steht der Kragen seines Hemdes über der bordeauxfarbenen Flauschjacke, ein schwarzer Gürtel hält die graue Bundfaltenhose. Standesgemäß glänzende Lackschuhen runden das angenehme Erscheinungsbild ab.

Die beiden Männer sind ins Gespräch gekommen, tastend und stockend zwar, doch glaubt Herr Außen seinem Retter ein wenig Nettigkeit schuldig zu sein, und jener gibt sie aus Höflichkeit zurück. Ölig redet der Feine auf den Wilden ein, schüchtern, ein wenig einsilbig kommen die Antworten. Einmal nur wendet der Radwanderer seine Augen ganz dem anderen zu, und ihr gutmütiger Blick veranlaßt den Studenten, für einen Moment offener als gewohnt zu reden.

„Weißt du," prahlt der feine Herr Außen, „ich kaufe nie eine Fahrkarte. Seit zwei Jahren fahre ich zwischen Tübingen und Calw hin und her. Nur zwei Mal haben sie mich erwischt. Das macht 60 Euro. Was glaubst du, was das regulär gekostet hätte? Ab und zu finde ich auch einen mit Baden- Württemberg-Ticket, der mir hilft."

Herr Innen grinst schief. Antwort kommt ihm keine. Eigentlich hätte er dem Schnösel kräftig die Meinung blasen müssen, aber er ist zu gutmütig dazu.

Sie haben sich nicht viel zu sagen. Die Pausen zwischen ihren Gesprächsbruchstücken werden größer und größer. Unbewußt aber sehnsuchtsvoll tastet die Hand von Herrn Innen zu seinem Buch. Herr Außen stiert abwechselnd durch die Scheibe oder auf seine Uhr. Frau Gerber indessen wundert sich, warum sich der feine Junge überhaupt neben diesen zotteligen Zigeuner gesetzt hat. Die Sache mit dem Schwarzfahren des ach so feinen Herrn Außen hat sie nicht mitbekommen. Es ist gut, einen Filter zu haben, für alles, was am Weltbild kratzten könnte.

Die Bremsen quietschen im Bahnhof Teinach. Frau Gerber müht sich, ihre Reisetasche von der Ablage zu heben. Da ist Herr Innen schon neben ihr und trägt die Tasche gleich bis zum Bahnsteig. „Danke," sagt Frau Gerber zu ihm. Kurz treffen sich ihre Augen. Die Augen von Herrn Innen sind keine schlechten Augen, aber das wird sie sich nicht eingestehen. Sie kämpft schon darum, ihn vergessen zu dürfen. Allerdings riecht der Bursche nicht einmal schlecht. Seife muß er schon im Gepäck haben.

„Warum überhaupt," denkt sie sich, „hat dieser Zigeuner meine Tasche getragen, was doch dem Gentleman da drinnen zukommt?" Sie kann es nicht erklären und flüchtet sich in Ironie. „Nun, der mußte sich gerade die Brille putzen. Ist auch wichtig, damit er schön sauber bleibt."

Frau Gerber spinnt den Gedanken nicht weiter, denn von nun an würde er richtig an ihrem Weltbild kratzen. Und das täte weh.

Es ist nicht mehr weit nach Calw, wo sich die Wege der jungen Männer trennen. Die zufällig für eine kurze Spanne gleiche Lebensbahn dreier Menschen ist entgültig wieder auseinander gelaufen. Die Wahrscheinlichkeit, dass sie sich niemals wieder sehen, ist extrem hoch. Wenn Frau Gerber nochmal einem der beiden wieder begegnen dürfte, wie sehr würde sie sich wünschen, es solle Herr Außen sein.

Herr Außen und Herr Innen, dieses herrliche Zufallsspiel des Lebens, geht ihr nicht mehr aus dem Kopf.

Auf den verschieden laufenden Lebensbahnen der drei aus der Regionalbahn, gibt es Fragmente, die unserer Betrachtung wert sind. Und vielleicht, treffen sich zwei dieser Menschen doch noch einmal wieder. Wir werden sehen.

Wenden wir uns nun Herrn Außen zu, denn ihn werden wir am schnellsten abgehakt haben.

Herr Außen wuchs in großer Sicherheit im Hause reicher Eltern auf. Liebe war in seiner Familie da, doch ging sie nie in sonderliche Tiefe. Zuneigung wurde durch materiell hochwertige Geschenke ausgedrückt. Des Jungen Schulleistungen fielen nicht auf, weder positiv noch negativ. Sein größter Ehrgeiz war, gewinnend auf andere zu wirken. Kumpels (ob's Freunde waren, sei dahingestellt) umschwirrten stets in großer Zahl, und Mädchen schwärmten früh für ihn. Vieles wurde ihm geschenkt, weil er es verstand, bei seiner Umwelt anzukommen. Widerstand behagte ihm nicht. Mit möglichst geringer Mühe, Genuß und Gewinn zu erlangen, das war ihm hohe Kunst. Eine scharfe Nase für Trends in Musik, Gesellschaft und Kleidung war sein wichtigstes Werkzeug. Eine eigene Meinung hatte er nicht. Sein Ich, sein Stil war nicht zu greifen. Sein Ego dagegen war fest und klar, er pflegte es mit fast religiöser Tiefe. Es wurde ihm nie ganz klar, dass er Teil einer Gemeinschaft war, in der das Einzelne immer, das empfindsame Ganze aber nie zu ersetzen war. Tausend Tricks, feine und gemeine, verstand er virituos einzusetzen, um für sich das Beste zu bekommen, wobei er den Wert der Dinge nach ihrem äußerlichen Bild bemaß. Sein Abitur konnte er mit einiger Mühe bauen.

Dann studierte er Betriebswirtschaftslehre, mal mehr mal weniger intensiv, meist war es ihm wichtiger, die Genüsse des Lebens zu pflücken. Mit dem Zug pendelt er durchs Schwabenland. Noch muß der sein Vater ihm keinen dicken Schlitten bezahlen, denn es rechnet sich, in zwei Jahren nur zwei Mal beim Schwarzfahren erwischt zu werden. Und einen spielerischen Hauch von Abenteuer hat es noch dazu. Sein Alter Herr ist gesund, die Geschäfte laufen prima, weshalb sich unser Gentleman sicher fühlt und sein Studium noch ein wenig schleifen läßt. Irgendwann, meint er, würden die Kentnisse schon reichen, Vaters Laden zu übernehmen. Geübten Umgang mit List und Ellenbogen hält er für sehr wichtig dabei.

Einmal kommt aber der Tag, da das Leben vollen Einsatz verlangt. Dann könnte es unserem Schwiegermuttertraum schlecht ergehen... . Herr Außen wird nicht ein Lebenlang kleiner Schwarzfahrer bleiben. Massiver Steuerhinterzug ist einer der gesellschaftlichen Trends, denen er folgen könnte. Indessen brechen öffentliche Gelder mehr und mehr weg.

Herr Innen hatte eine Kindheit, die nichts mit Not und Entbehrung, aber auch nichts mit Überreichtum zu tun hatte. Geliebt fühlen durfte er sich mit Recht, und doch war er oft und gern allein. Mit schlichtem Spielzeug schuf er sich eine knallbunte Eigenwelt. So bald er lesen konnte, vergrub er sich in Bücher. Aus ihnen zog er Ideale, denen er lange folgte. Seine Ideale waren kindlich einfach, hatten aber stets einen wahren Kern. Das Wesen des Ganzen beschäftigte ihn sehr beschäftigt, er war ein Träumer. Während seiner Schulzeit übersah er oft, was gesellschaftlich für wichtig genommen wurde. Am liebsten hätte er einen ganzen Schultag lang mit Religions- oder Geschichtslehrern diskutiert. In allem anderen entdeckte er wenig Sinn. Im Träumerdasein übersah er, wie mit zunehmendem Alter seine Umgebung mehr und mehr ihre Fassaden putzte und im Denken an der Oberfläche hängen blieb. So wurde er leichtes Ziel für manche pubertäre Gemeinheit. Vieles, was ihm wichtig war, wurde nicht gesehen, er mußte darum betteln oder kämpfe. Freunde hatte er nicht viele, aber immerhin hielten manche der damaligen Freundschaften mit Aussetzern und Schwankungen bis heute. Laute Diskotheken verabscheute er. Er liebte sein Fahrrad und suchte damit nach den stilleren Teilen seiner Umwelt. Noch war das Unterwegssein auch eine Flucht vor dem Ernst des Lebens, dieser aber holte ihn schnell ein. Ganz plötzlich, so schien es, war der Tag da, an dem er sich um eine Lehrstelle bewerben mußte. Tief war die Kluft zwischen dem, was er dachte, sagte und tat und den Ansprüchen potentieller Arbeitgeber. Dicke Ordner füllten sich mit erniedrigenden Absageschreiben. Es blieb ihm schließlich nichts übrig, als eine Tätigkeit zu ergreifen, die allgemein ein wenig verpönt war. Er glaubte, in ihr immerhin einen Sinn zu sehen. Auch hier aber mußte er so manches Mal nach arbeiten, was zu lernen er früher verträumt hatte.

Er ging noch manchen Irrweg, aber schließlich fand er tiefen Sinn in seiner Tätigkeit, so schwer sie auch war. Der Gedankenbogen aber zwischen seinem jungen Leben und der täglichen Konfrontation mit Krankheit und Tod spannte sich ins Extrem. Er bekam regelrechten Hunger, sein Leben auszuleben. Mit allen Hilfsmitteln - bald war der Führerschein darunter- suchte er nach den Freuden und Abenteuern, die er für lebenswert hielt. Irgendwann schlugen jedoch die alten Ideale wieder durch. Der Erhalt der Schöpfung und seine eigene Verantwortung dafür waren darunter. Er wollte auf bescheidene Art zufrieden werden. Mit einfachen Farben ein buntes Lebenbild zu zeichnen, das wurde sein Leitfaden. Das Unterwegssein war ihm, der sich immer als geborener Wanderer gefühlt hatte, ein wichtiger Aspekt. Seine schlichten Hilfsmittel waren Busse und Bahnen, die Beine beim Wandern, Radeln und Laufen, die Arme beim Schwimmen und seine Bücher für den Geist. Er schuf sich eine Eigenwelt, fast so spielerisch wie jene der Kindheit. Doch war es ein mannhaftes Spiel mit vielfältiger Landschaft. Er lernte, mit das Unterwegssein und die Achtung vor der Natur. Er schwitzte und fror, und seine Welt war voll erdigem Schmutz. Er wischte weg, was wegzuwischen war, bevor er in die Eisenbahnen stieg, für den Rest hat er sich nie geschämt. Wer die Umwelt unnötig mit Abgasen belastet, das ist der wahre Dreckspatz. Herr Innen brauchte Mut, um bescheiden zu bleiben, wenn er mit braun gewordenen Hosensäumen an vor einer Herberge stand. Quasi nackt, von jeder schützenden Fassade entblößt, hatte er nur seine Höflichkeit und sein gutes Benehmen, um die Menschen für sich einzunehmen. Und siehe! Nur Wenige waren gemein zu ihm. Mancher schenkte dem müden abgerissenen jungen Mann ein Essen, was ihn rührte, obgleich er sich durchaus selbst ein warmes Essen leisten konnte. Das Verhalten der Menschen ihm schlichten Wandersmann gegenüber ließ ihn tief an die Nächstenliebe glauben.
Er mißachtete weiterhin die besondere Bedeutung exakt übereinander gelegter Bügelfalten. Aber im Alltag wurden die Herzen mancher Nächsten dadurch zu Stein. Die Wichtigkeit der äußeren Fassade wurde überbewertet. Damit tat sich Herr Innen schwer. Nur ein Waffe blieb ihm, die materialistsch eingestellten Herzen zu erweichen. Er kannte sie, seit er der Weisheit alter Menschen gelauscht hatte. Die Waffe heißt Kontinuität – oder Treue. Über ein Jahrzehnt blieb er, das Wanderblut, an einem Ort, wo Davonlaufen oft das Einfachste gewesen wäre. So erwarb er sich Respekt und Ansehen, ohne sich zu verbiegen zu müssen.
Seine kleinen Fluchten an Urlaubstagen waren kein Abhauen vor dem Leben, sondern ein fester Bestandteil seines Daseins. Herr Innen war verletzbar wie eh und je, und vielleicht würde es ein Leichtes sein, ihn vom Tellerrand zu stoßen. Doch spürt er, durch langjähriges sinnvolles Tun in Beruf und Freizeit eine innere Ruhe, die ihn noch durch viele Stürme des Lebens tragen würde. Und eines fernen Tages könnte sie ihm ein friedvolles Ende bereiten. Er wollte nie ein Ausbund an Tugend sein, doch Liebe war ihm sein bedeutendstes Grundmotiv, Liebe zur Schöpfung, zur Kunst und zu den Menschen, bevorzugt den schwachen.

Jetzt haben wir viel Zeit den Herrn Innen und Außen geopfert. Noch fehlt die Dritte im Bunde.

Frau Gerber war vor langer Zeit ein hellwaches junges Mädchen. In der Schule wurde seinerzeit in Ranglisten gedacht, und sie war immer Klassenerste, vom ersten bis zum neunten Schuljahr. Ihre Talente waren vielseitig und ausgewogen. Sowohl im logischen Denken als auch in kreativen und musischen Fächern trumpfte sie auf. Ihr Elternhaus war heil, liebevoll und ein wenig konservativ. Mit allem hätte sie zufrieden sein können, doch ihre tief veranlagte Seele rang nach mächtigerem Ausdruck. Seit der Pubertät produzierte sie Gedichte, las sie aber – wenn überhaupt- nur im kleinsten Kreise vor. Das war schade, denn ihr Talent hätte der Literatur vielleicht Ehre gemacht. Ihre besondere Begabung war Wortreichtum und klare einprägsame Beschreibung. Zudem wahr ihr eine Komik eigen, die ein wenig an Nestroy oder Valentin erinnerte. Das alles blieb unbemerkt hinter der Fassade ihrer Persönlichkeit. Vielleicht war ihre Umwelt zu konservativ, vielleicht hätte sie es als Frau besonders schwer gehabt, in Literaturkreisen anerkannt zu werden. Nach der Heirat ging sie einen anderen Weg. Ihr Mann war kein übler Kerl, angestellt bei einer großen Firma von internationalem Rang. Er hatte vielleicht nicht die Chance auf die allerobersten Chargen, aber doch auf eine wohldotierte Lebensstellung. Die Ehe verlief in klaren Schienen, es gab keine größere Disharmonie. Frau Gerber, ehemalige Klassenbeste, die ein gute Partie gemacht hatte, erzog sich selbst zur Dame. Sie wurde sehr gewählt in Kleidung und sprachlichem Ausdruck, obgleich dies nur ein Teil ihres Naturells war, das so vielfältig hätte sprühen können. Nur auf Familienfeiern ließ sie manchmal ein bißchen ihre Zurückhaltung fahren. Da konnte sie musizieren und singen und fand Bewunderer für ihren Mutterwitz. So verlief ihre Lebensbahn nicht im Zwiespalt zwischen Absturz und Höhenflug, auf leicht verruchtem Weg zwischen Abenteuer und Liebe, zwischen Gosse und Palast, sondern sie bezwang ihre Veranlagung und zog einen extrem bürgerlichen Weg vor. Dagegen war nichts zu sagen, doch kehrte sie vieles unter den Teppich, was zur Oberfläche zurückdrängen würde, sollte ihr Verstand als Filter einmal schwächer werden. Ein Sohn kam zur Welt, kurz bevor ihr Mann in den Krieg mußte. Selbstverständlich brachte die schwarze Zeit auch für Frau Gerber schlimme Not und schwere Sorge. Ihre Famile war nie aufgefallen, weder durch Widerstand noch durch übertriebenes Mitläufertum. Nach Herrn Gerbers Heimkehr aus englischer Gefangenschaft fand das Ehepaar bald auf den Lebensweg, der sehr dem vorigen ähnelte. Und diesen Weg gingen sie Seite an Seite über viele Jahre. Die fröhliche Dame gewann der Familie viele Freunde und bei mancher einer Geselligkeit blitzte ihre Kreativbegabung wieder auf. Es schien als müsse ihr Leben seine Bahn nie verlassen.

Die beiden Peitschenhiebe des Schicksals, welche es zerschlugen, waren von unsagbarer Brutalität. Der Ehemann starb nach kurzer schwerer Krankheit. Frau Gerber hatte bis zuletzt an seinem Bett gewacht. Ein Verkehrsunfall, verursacht durch bodenlosen Leichtsinn eines anderen, riß ihren Sohn aus dem Leben. Frau

Gerber wurde die Kunde von einem stocknüchternen Polizisten gebracht. Ihre Tränen hat keiner gezählt, kaum einer hat sie überhaupt gesehen. Woher sie die Kraft nahm, um weiterzumachen, wußte sie selbst nicht. Diese Kraft aber war da. Sicher spielte die Wut eine wichtige Rolle, doch reicht dieser Aspekt als alleinige Erklärung nicht aus. Das Rachegefühl gegen den fahrlässigen Totschläger des Sohnes fand kein Ventil. Der Täter wurde ihr nie gegenüber gestellt. Trotzdem lenkte Frau Gerber ihr Leben nach den Hieben des Schicksals wahrhaftig wieder in eine Bahn, die der früheren glich, so weit es eben ging. Da waren die Geselligkeiten mit alten Freunden, die bald den Charme der Charlotte Gerber nicht mehr missen mußten, und da waren Reisen und kurze Sommerfrischen, mit denen sie ihr Leben so abwechslungsreich gestaltete. So verflossen wieder viele Jahre. Was Frau Gerber wirklich empfand, fühlte und litt, wenn sie abends und nachts mit sich allein war, das blieb ihr Geheimnis.

Es kam der Tag, an dem sie bei einem geselligen Abend einen Witz zum Besten geben wollte, ihn aber nicht durchbrachte bis zur Pointe. Ein Mal ging das unter im allgemeinen Amusement, doch bald mehrten sich die schiefen Blicke und das verwunderte Geflüster, weil der einst so brillianten Erzählerin die Sprache zu versiegen drohte. Sie hielt in Geschichten und Annekdoten den roten Faden nicht mehr durch, verlor wichtige Zusammenhänge und hatte oft das Ende schon vergessen, als der Anfang noch nicht ganz ausgeführt war. Sie hob das Glas in solchen Fällen und lachte, aber ihr geistiges Problem war nicht mehr zu übersehen. Schon länger plagte sie die Hilflosigkeit bei komplexen Handlungsabläufen aller Art. Ein paar Mal hatte sie schon die Milch anbrennen lassen, aber zum Glück noch immer die Wohnung gelüftet, bevor der nächste Besuch kam. In einer Regionalbahn unterlief Frau Gerber eine peinliche Panne, die Auswirkungen bis in den deutschen Zugfernverkehr hatte. Sie hatte die moderne Toilette der Regionalbahn aufsuchen müssen. Obgleich sie einen Knopf drückte, kam die Spülung nicht in Gang. Der Zug hielt an und alsbald pochte ein böse Hand an die Toilettentür. Eine Männerstimme fragte, ob etwas passiert sei, ansonsten solle sie den Alarm beenden. Frau Gerber fand das unverschämt und indiskret und drückte nochmals den Knopf. Der Zug setzte sich wieder in Bewegung, die Spülung aber nicht. Wütend drückte Frau Gerber auf den Knopf, ein Mal, zwei Mal, drei Mal. Da hielt die Bahn nochmals und wutschnaubend drang der Schaffner in die Toilette ein. Frau Gerber hätte dem Kerl am liebsten eine geknallt, doch tief innen hatte sie das Gefühl, selbst schuld zu sein an dieser peinlichen Situation. Was war passiert? Wortlos schlich sie zu ihrem Platz. Alle Köpfe in den vollbesetzten Reihen drehten sich nach ihr um. Frau Gerber verzog keine Miene, aber sie fühlte sich elend. Es kam die Durchsage, dass bitte keiner mehr unnötig den Notfallknopf in der Toilette betätigen solle, durch diesen Unfug habe man 13 Minuten Verzug, der Anschluß zum ICE nach München sei gefährdet. Die drei Frau Gerber begleitenden Freundinnen steckten die Köpfe zusammen.

Tags darauf stellte Frau Gerber, noch ganz wirr vom unerklärlichen Vorfall im Zug aus Versehen einen Packen Zucker auf die glühende Herdplatte. Das stank sofort und hat auch gleich gebrannt. Eine in der offenen Glastür wartende Verwandte verhinderte eine Katastrophe. Nun wurden Ärzte konsultiert und Hilfen organisiert, um Frau Gerber für die Galgenfrist einiger Wochen ihr Zuhause zu erhalten. Doch dann begann es bei ihr scharf und sauer zu riechen. Man fand eine durchurinierte Unterhose, die Frau Gerber hinter der warmen Heizung versteckt hatte. Die Urin- und Stuhlinkontinenz schritt schnell voran. Am Ende blieb wirklich nur der Gang ins Pflegeheim.

Indessen war der Freundeskreis auf die Wenigen zusammengeschrumpft, die Frau Gerber wirklich liebten und ihr bis zum Ende treu blieben. Die alte Dame hatte bereits äußerste Probleme, sich zeitlich und örtlich einzuordnen. Trotzdem baute sie neue Beziehungen zu ihren Pflegern auf. Die sahen sehr müde aus und hatten es immer eilig. Sie hatte üble Vorurteile über Altenpfleger gehört. Ein Glück nur, dass sie nun eine bessere Wahrheit spürte. Ein Pfleger fiel ihr auf, weil er einem der jungen Männer von dereinst in der Regionalbahn nach Bad Teinach sehr ähnelte. Herr Innen und Herr Außen, die spaßige Begegnung stand ihr noch klar vor Augen. Der Pfleger sah aber nicht aus, wie Herr Außen. Solche Typen, das war ihr plötzlich klar, würden ihr jetzt kaum mehr über den Weg laufen. Nur indirekt spürte sie noch die Wirkung von Steuerhinterziehern, denn Pfleglinge und Pfleger werden beim Wegbrechen öffentlicher Gelder unbarmerzig hart bespart. Dem wilden Herrn Innen sah der Pfleger gleich, vielleicht war er's sogar wirklich. Und er tat Arbeiten, vor denen Herr Außen wahrscheinlich nach Ibiza geflohen wäre. Plötzlich mochte sie den Burschen. Er hatte gutmütige Augen und Hände, die ihr bei intimen Pflegehandlungen ihren Scham nahmen, ganz sanft und schmerzlos. Jetzt kam der heimliche Wunsch durch, unorganisiert zu reisen, mit den Fingern zu essen und im Gras oder auf einer Bank zu schlafen. An der Seite von Herrn Innen wäre das möglich gewesen, aber damals war es der feinen Dame verboten. Auch lange Haare bei Männern waren ein Tabu. Warum denn nur? Sie sind doch ein hübsches Spiel der Natur. Frau Gerber griff dem Doppelgänger von Herrn Innen gerne ins Haar, zupfte und neckte ihn. Gutmütig ließ er sich's gefallen. Ihre Gegensätzlichkeit lebten die beiden, so paradox es klingen mag, in einer Gemeinsamkeit aus – in der Liebe zur Sprache. Ihre ironischen Wortgefechte wurden zur Attraktion im ganzen Haus.

Je mehr Frau Gerbers logische Fähigkeiten zurück gingen, um so mehr kamen ihre alten Künste aus der Versenkung hervor. Die alte Frau sprach den halben Tag nur in Reimen. Wohl waren deren Gehalt und intellektuelle Tiefe nicht mehr druckreif wie dereinst, aber sie konnte in lustigen Versen ihre Umgebung kommentieren. Außerdem parodierte Frau Gerber jeden Dialekt, den sie hörte, jede sprachliche Besonderheit machte sie nach, ohne die geringsten Bedenken, ihr Gegenüber könne sich veräppelt fühlen. Sie brillierte mit Wortwitz, Schlagfertigkeit, ihrem alten Sinn für Situationskomik und urigen, geschickt aufs Geschehen abgestimmten Sprüchen. Im Kopfrechnen steckte die ehemalige Klassenerste alle Heimbewohner und auch manchen Pfleger in die Tasche.

Allerdings war lange nicht alles hell und froh, was sie von sich gab. Plötzlich kam ihre Neigung zum Gossenmädchen an die Oberfläche, sie wurde mancherzeit zu dem Blumenmädchen Eliza in „My fair Lady", das von unten nach oben will. Schimpfworte kamen aufs Tablett, die bei der feinen Dame von dereinst nicht möglich gewesen wären. Frau Gerber konnte fluchen, bis ihr Gegenüber eine Gänsehaut bekam. Sie spielte die Kämpferin ohne Furcht. Ein alter Mann mit der Mentalität eines Platzhirsches, der gewöhnt war, dass alles duckte, wenn er brüllte, erfuhr mit fast 90 Jahren zum ersten Mal seine Grenzen. Frau Gerber war es, die ihm kalt, offen und frech ins Gesicht lachte, als er sie anschrie. Oh ja, mit ihr hatte es keiner leicht. Nie hat man es einfach mit Hochbegabten, die durch kranken Körper und Geist gefesselt sind. Der junge Pfleger sagte einmal zu Frau Gerber, es sei tragisch, dass man sie bei allem Ungemach so gern haben müsse. Es war einer der wenigen Momente, in denen sie sprachlos war. Dann lehnte sie ihren Kopf an seine Schulter.
Jetzt liegt sie fest im Pflegebett. Ihr Körper ist nahezu erloschen, aber das Mundwerk läuft und läuft und läuft. Es verliert immer weiter an Verständlichkeit, was sie da über Stunden vor sich hin brabbelt, aber es scheint, als sei da eine Menge brachliegendes Können und Wissen abzuarbeiten. Manchmal kommt ein lichter Moment, und mit einem Geistesblitz bringt sie alle zum Lachen. Nur ist der Umgang mit ihr noch schwerer geworden. Frau Gerber flucht inzwischen nicht nur, sie wird beim Waschen zum Preisboxer und beim Essen und Trinken zum Lama. Das liegt nicht allein an ihren unerträglichen Arthroseschmerzen. Sie hat noch einen Kampf zu kämpfen, der im aktiven Leben fataler Weise nicht stattfand. Jeder Pfleger muß dabei stellvertretend den Platz des Unfallfahrers einnehmen, der Frau Gerbers Sohn einst das Leben nahm. Solche Kompensationen sind ein wichtiger Teil von Pflegearbeit, der nach heutigen Richtlinien nicht anerkannt und nicht honoriert wird.
Im mehr und mehr undurchschaubaren Brei von Frau Gerbers Gerede tritt ein Schrei immer wieder klar hervor. „Herr Innen und Herr Außen," ruft sie, dass der ganze Gang es hört, „Herr Außen und Herr Innen." Die Episode im Zug hat sich fest in ihr Hirn gebrannt. Damit hängt ein Irrtum zusammen, den sie vielleicht noch mit sich klären kann.
Hoffentlich hat sie es bald geschafft, völlig mit sich ins Reine zu kommen, und kann dann in Frieden für immer einschlafen. Das wäre ihr zu gönnen.
Eines steht jetzt schon fest: Herr Außen, dieser feine Gentleman, wird ihr dabei nicht die Hand halten.

Aus dem Pflegealltag

Respektlosigkeit
Natürlich kann ich nicht sagen, wass mir an Demenzkranken gefällt. Ihre Krankheit ist und bleibt eine schlimme Sache. Doch es gibt etwas, das mir manchmal... sagen wir: behagt.
Die Betroffenen sagen genau, was sie denken. Ist einer dick, nennen sie ihn dick, finden sie dich blöd, sagen sie blöd usw. Manche haben jeglichen Respekt verloren, vor jeder Person, vor jeder Stellung. Dies kann zu erheiternden Szene führen, wenn zum Beispiel eine alte Dame ungeniert den Heimleiter fragt, ob er eigentlich schon einen Schatz habe. Oder sie empfängt den Arzt mit einem kumpelhaften „Hallo Doktor, lauft's Gschäft?"
Einmal traten ein Herr vom Stiftungsvorstand mit dem Heimleiter an den Tisch einer alten Frau, die sich enorm freute, zwei Männer zu erblicken und, wie sie meinte, für weiterführende Dinge zur Auswahl zu haben. Sie nahm erst den einen, dann den anderen an der Hand und fragte:
„Wie alt bist du?"
„45."
„Das ist mir zu alt. Wie alt bist du?"
„39."
„Das ist gut, dich nehm ich."
Auch der Arzt bleibt vor Respektlosigkeit nicht verschont. Als einmal ein Doktor, der es sehr eilig hatte, hastig einer Heimbewohnerin den Ärmel hochkrempelte, um ihren Blutdruck zu messen, erklärte die ihm, ohne mit der Wimper zu zucken:
„Die Ruhe ist dem Menschen heilig, nur die Verrückten haben es eilig."

Die Mutter
Eines Tages kam meine Mutter an meine Arbeitsstelle, weil sie mir etwas vorbeibringen wollte. Eine Praktikantin fand mich in einem Bewohnerzimmer und sagte: „Deine Mutter ist da."
Die alte Dame, die gerade auf der Bettkannte saß, fragte zurück, woher bei so einem alten Dinger wie mir noch eine Mutter kommen könne.

Der Vater
Einem Demenzkranken widerspricht man in der Regel nicht. Wenn es zum Mittag Nudelauflauf gegeben hat, er aber überzeugt ist, dass es Maultaschen gewesen sind, versucht man nicht, den Irrtum aufzulösen. Es würde ihn nur demütigen und wütend machen. Man spricht mit ihm über Maultaschen, ob er die gerne ißt, ob er sie früher selbst gekocht hat oder ähnliches. Da hat er etwas davon.

Ich kenne alte Frau, die hat ein Bild ihres verstorbenen Ehemannes auf dem Tisch stehen, sagt aber immer, es sei ihr Vater. Das gibt ihr die Möglichkeit, etwas Vergangenheit aufzuarbeiten, in dem sie mit Blick auf das Bildchen erklärt, dass sie eigentlich einen guten Papa gehabt habe. Eines Tages aber nimmt unser kleiner Dialog eine unvorhersehbare Wendung:
„Das Bild? Das ist mein Vater?"
„Ja, ja, ist Ihr Vater."
„Und...? Das hebt man so lange auf?"

Miss und Mister
Eine alte Dame begrüßt mich aus unerfindlichen Gründen gerne mit den Worten: „Guten Tag, Mister."
Ich antworte in der Regel mit: „Guten Tag, Miss."
Einmal gibt sie darauf zurück: „Oh weh, bei mir hat sich's längst ausgemis(s)tet."

Viele Männer
Eine alte Dame öffnet die Zimmertüre, sieht einen Zivildienstler, einen Pflegeschüler und einen Pfleger auf einem Haufen zusammenstehen. Sie ist amüsiert. Kommentar der Achtundachtzigjährigen: „Ei, so viele Männer, wir werden nicht ledig bleiben."

Hitze
„Schwester, ist Ihnen heute kalt?" fragt die alte Dame.
„Nein," sagt die Schwester, „richtig kalt ist mir nicht. Aber draußen ist's schon wieder kühler geworden."
„Sehn Sie! Ich hab hier große Hitze - vom Ledigsein."

Die Schulkammeradinnen (Namen geändert)
Zwei alte Frauen, die in der Schule nebeneinander saßen, treffen sich tatsächlich im Pflegeheim wieder. Es kommt für beide nicht ganz überraschend, die Angehörigen haben sie darauf vorbereitet, damit die schwachen Herzen nicht allzusehr hüpfen vor freudigem Schreck. Beim Mittagessen nun kommt es zum Wiedersehen.
Die eine mit zitternder Stimme: „Frida, bist du's wirklich?"
Die andere mit Tränen in den Augen: „Elsa, dass wir uns hier noch einmal treffen."
„Ja, und du ist jetzt deine Suppe! Die wird kalt."

Der mutige Soldat
Eine etwas martialische Frage in einem Spiel für's Gedächtnistraining lautet: „Was ist das Gegenteil eines mutigen Soldaten?"
Eine als sehr dement geltende alte Frau antwortet spontan und ungerührt: „Ein lebendiger... ."

Vom Schmusen

„Neulich," erzählt die alte Frau, „hat mein Urenkel mit mir geschmust. Das war schon schön. Aber hinterher hat er gesagt. Oma, du solltest dich mal liften lassen. So schwätzt der raus – mit drei Jahren. Nun kann ich ja meine Urenkel nicht mehr ansehen. Aber fühlen kann man doch. Der eine wird Musiker, der hat ganz schlanke, zarte Finger und einen musikalischen Kopf. Auf der Taufe von meinem Urenkel ist's lustig hergegangen. Da waren Kinder, die konnte man nicht unter Kontrolle halten. Sie sind in der Kirche herumgelaufen. Eines hat man schier nicht mehr gefunden. Genau in dem Moment, als der Pfarrer sagte: 'Lasset die Kindlein zu mir kommen', ist das Kleine die Stufen zur Kanzel heraufgeklettert. Einen Moment war's totenstill, dann hat die ganze Kirche losgelacht. Ich kann ja nichts mehr sehen, aber ich mußte gleich an meinen anderen Urenkel denken. Tatsächlich, er war's. Der Vater hat ihn sich gleich wieder geholt. Die Mutter hat nur gemeint, das Kind habe den Spruch des Pfarrers wohl zu wörtlich genommen.
Ich weiß noch, wie es bei der Taufe meiner zweiten Tochter war. Da war ein alter Pfarrer, der konnte nicht mehr so schnell. Meine Große war gerade zwei Jahre. Der dauerte das Ganze entschieden zu lang. Irgendwann hat sie dazwischengerufen:'Amen, aus.'"

Die Sensible

Man kann seine Welt nach guten und bösen Menschen einteilen, aber natürlich ist das zu einfach, und unfair ist es noch dazu. Ich kenne aber eine alte Frau, die ich ohne Bedenken ganz weit in die Ecke der Guten stellen würde. Sie ist äußerst sensibel und hat den mutigen Versuch unternommen, das Leben immer aus der Perspektive ihres Gegenübers zu sehen.
Eines Tages kam ich in ihr Zimmer, wollte der Zimmergenossin eine Spritze geben. Ich drückte den Lichtschalter und stellte fest, daß die Birne nicht ging. Dabei vergaß ich, daß ich durch eine etwas ungeschickte Konstruktion gleichzeitig die Innenbeleuchtung der fensterlosen Nasszelle ausgelöscht hatte. Besagte alte Frau befand sich in der Nasszelle, was ich nicht wissen konnte. Jeder andere hätte nun an ihrer Stelle geschrien: „Hallo Licht an," und vielleicht – bei entsprechendem Temperament - etwas Beleidigendes hinzugefügt. Nicht so in diesem Fall. Es verging eine gute Minute, bis die alte Dame vorsichtig an der Türe der Nasszelle erschien, mich sah und im höflichsten Tone fragte: „Stört sie mein Licht?"
Dieser gute Mensch ist zum Ende seines Lebens hin sehr traurig geworden. Der mutige Versuch ist mißglückt. Unsere Welt ist zu kalt dafür.

Das neue Wort

Der gestreßte Pfleger lagert eine bettlägerige Heimbewohnerin. Die Zimmergenossin, die bereits zu Bett gegangen ist, sagt: „Sie könnten mir noch einen Apfelsaft einschenken. Hat aber Zeit."

„Mach ich, wenn ich hier fertig bin. Aber erinnern sie mich nochmal bevor ich geh! Ich hab viel am Hals heute."

Als er mit dem Lagern fertig ist greift er ohne Erinnerung zu Flasche und Glas.

„ Frau X wollte noch zu trinken. Was mir heute alles wieder einfällt. Das grenzt ja an Gehirnakrobatik."

Die alte Dame richtet den Oberkörper auf und hebt einen Zeigefinger.

„Wie war das? Gehirnakrobatik! Hab ich noch nie gehört. Gehirnakrobatik! Muß ich mir merken."

„Ist eigentlich nicht wichtig. Ich hab mich nur ein bißchen selbst auf den Arm genommen."

„Nein," bemerkt die 87jährige mit Nachdruck, „mir ist das wichtig. Ich will das Wort lernen. Man muß immer mitdenken. Solange man lebt, muss man lernen."

Nach Bettingen

Die alte Frau schöpft gerne aus ihrem Füllhorn immergrüner Sprüche. Besonders gerne bringt sie jenen, der ihren liebsten Aufenthaltsort benennt. „Bettingen" heißt der und liegt direkt bei „Kissingen". Dort, verkündet sie am Abenessenstisch, werde sie gleich hingehen.

„He Du," ruft sie nach dem Pfleger, „bring mich doch nach Bettingen bei Kissingen!"

„Mach ich. Aber wir sollten den Umweg über Waschingen und Zahnputzhausen nehmen."

„Poh," jubelt die alte Dame, „ist das neu?" Dann spricht sie ruhiger.

„Hast Du nicht schlecht gemacht, aber jetzt bring mich endlich ins Bett!"

Die Antwort

Wer weiß schon, was in einem Kopf so alles vorgeht, wenn er seit fast hundert Jahren durch diese Welt getragen wurde. Es gibt eine alte Frau, deren Verhalten uns unerklärlich ist. Sie ruft, singt und schreit an einer Tour, immer gleiche Sätze („ich liebe dich, ich liebe dich, ich liebe dich") oder papageienartig Aufgeschnapptes („CDU, CDU, CDU") stundenlang, tagelang, bis sie nicht mehr kann. Dann schläft sie so fest und lange, dass wir sie „Dornröschen" nennen. Sie ist sicherlich sehr dement. Aber dement heißt nicht blöd. Wer das nicht weiß, wird sich um so stärker über die Schlagfertigkeit der Dame wundern müssen. Eines Tages wurde sie gefragt, ob sie Schmerzen habe.

„Nein," sagte sie.

„Warum schreien sie dann so?"

„Na, gestern hab ich auch schon geschrien."

Alt wie keiner

Eine Heimbewohnerin hat es sehr gern, wenn man sie in den Arm nimmt. Normalerweise, aber heute entgleitet sie mir und fährt von ihrem Stuhl in die Höhe, wie eine gereizte Königskobra. Ihre Augen treten vor Wut aus den Höhlen, als sie mir befiehlt, in Zukunft auf solch makabere Witze zu verzichten.

Ich hatte ihr ganz gerührt zum 95sten Geburtstag gratuliert. 95, schnautzt sie mich an, sei noch nie ein Mensch geworden.

Sie ist heute wirklich so alt. Leider kann sie sich nichts mehr merken. Ein Glück nur, dass bei ihr noch dem größten Zorn ein kleines Lächeln beigemischt ist.

Die Gewaschene

„Oma," sagt der aus einer norddeutschen Universitätsstadt zu Besuch weilende Enkel, „eigentlich siehst du ganz gut aus."

Er mustert die auf dem Bett liegende Großmutter (96 Jahre) von oben bis unten. Die gibt einen trockenen Blick zurück.

„Nun ja," meint sie, „ich wasch mich halt öfter."

Der Gruß

„Miteinander," ist eine süddeutsche Grußform: „Grüß Gott miteinander, Gute Nacht miteinander" usw. Frau X, 96, ist waschechte Schwäbin und weiß das genau. Gilt es aber, eine gute Pointe zu treffen, tut sie gerne so, als wüßte sie es nicht. Eines Tages schiebt sie der Pfleger mit dem Rollstuhl in die Naßzelle während die Besucherin der Zimmergenossin im Heimgehen begriffen ist. „Schlaft gut miteinander," sagt die Besucherin.

Frau X dreht sich um und belehrt ganz ungerührt: „Wir schlafen nicht miteinander."

In der Naßzelle, derweil der Pfleger sich kaum mehr einkriegt vor lachen, putzt sie sich mit einer Wurzelbürste die Fingernägel und zieht ein Gesicht, als wohne sie einer Beerdigung bei.

„Hast Du die gehört," fragt sie trocken, „was denkt die nur von uns?"

Schmetterlinge

Die 97jährige fragt den Pfleger beim Umziehen:

„Sind das Schmetterlinge auf meinem Schlafanzug?"

„Nein, das sind Blumen."

„So! Das ist aber recht. Sonst wär ich heute Nacht womöglich noch davongeflogen. Und Sie hätte ich mitgenommen... , mitnehmen wollen. Hätt ich ja nicht geschafft, bin doch schon zu alt."

Sonnenaufgänge

Stuttgart ist noch heute eine Stadt mit vielen attraktiven Gesichtern. Vor dem großen Krieg mit seinen verheerenden Bombardements konnte sie, mit den schönsten Metropolen Europas in Konkurrenz treten. Frau X hat ihr Leben in Stuttgart verbracht, vor dem Krieg, während des Krieges, nach dem Krieg – acht Jahrzehnte insgesamt. Wie gesagt, Stuttgart ist schön. Aber seine Kessellage ist nicht überall günstig. Für Frau X wurde es morgens zwar hell, aber ein Osthang hinderte sie, den Ball der Sonne steigen zu sehen.

Heute lebt sie in unserem Pflegeheim, das einige herrliche Panoramblicke bietet. Manches Mal am Morgen jubelt sie Stimme förmlich, wenn sie die Morgensonne über der blauen Ferne der Schwäbischen Alb sieht.

Frau X hat viel Wut und Plage aufgelesen in ihrem langen Leben. Manchmal stehen wir hilflos davor, mit all unserem Wissen, mit all unseren Mühen. Doch wir können sie bei Sonnenaufgang zum Fenster bringen. Für Momente findet sie dann Freude und Glück.

Ich kenne Menschen, denen könntest du Sonnenaufgänge auf der ganzen Welt zeigen. Sie fänden nichts dabei.

Das Fenster

„Heut Abend hab ich wieder ein Buddele zum Aufschrauben, kein so ein blödes mit Korken. Das krieg ich selber auf, Gott sei Dank muß ich keinen betteln. Das gönn ich mir halt noch, ein Buddele Sekt und ein Buddele Bier zum Abendessen. Was hat man sonst noch viel? Haben Sie gestern meinen Besuch gesehen? Die Frau ist irgendwie verwandt mit mir, und ist auch die Schwiegertochter von der einen da, Sie wissen, früher in meinem Zimmer. Das hat mir immer gut getan als die noch da saß, auf dem Stuhl da hinten. Na ja, so ist das Leben halt. Die Verwandte will jetzt öfter mal zu mir kommen. Sie hat bis jetzt nur alles in Ordnung bringen müssen, nach dem ihre Schwiegermutter gestorben ist. Ich hab ihr gleich das Fenster gezeigt. Das ist mein Fenster. Auf dem Stuhl davor sitze nur ich. Da schau ich hinunter zum Hof, ob mal einer zu mir kommt.“

Das Sterbepulver

„Pfleger,“ sagt das kleine alte Frauchen, „ich hab jetzt genug. Könnten Sie mir nicht mal ein Sterbepülverchen geben?“

„Das kann ich nicht machen, dafür kommt man auf den Hohenasperg.“

„Macht doch nichts, ich komm Sie besuchen.“ „Das geht doch dann nicht mehr.“

„Ach so, ist ja blöd.“

Die Dame ist ein gute Schauspielerin. Sie macht alles, um Aufmerksamkeit zu erlangen. Sieht sie ihre Kinder um sich, ist keine Rede mehr vom Sterbepülverchen. Sitzt sie aber alleine im Zimmer, ist folgende Szene sehr typisch:

„Grüß Gott, Frau... .“

„Der ist verrückt.“

„Wen meinen Sie?“

„Verrückt, absolut verrückt.“

„Ja wer denn?“

„Der hat nicht mehr alle beisammen.“

„Nun sagen sie mir schon, wen sie meinen!“

Fingerzeig zur Decke, gemeint ist der Himmel.

„Der da oben. 95 Jahre alt läßt er mich werden. Der kann ja nicht ganz dicht sein."
Der vernichtende Blick nach oben ist unbeschreiblich komisch.

Wahrnehmung eines leichten Schlaganfalls
„Da war so ein Nebel. Ich habe geträumt, es habe jemand einen dicken Baumstamm von unserem Wengert den Berg hinaufgetragen. Zuerst dachte ich, ich sehe Petrus im Himmel. Dann habe ich den Kortmann erkannt, unseren Nachbarn. Er hat den dicken Baumstamm geschleppt. Ich wollte schon schreien: `Ich kann nicht, ich kann nicht.´ Bei so einem dicken Stamm kann ich ja auch nicht mehr mitmachen. Aber der Nachbar hat ihn allein getragen.
Dieser Nachbar ist auch schon alt. Bei dem ist´s auch schon so weit. Aber der hat Frau und Kinder im Haus, der muss noch nicht hier sein.
Der Nebel ist weggegangen. Da stand kein Petrus und kein Nachbar vor mir, sondern der Pfleger. Der hat mir die Wange getätschelt und gerufen: `Was ist denn, was ist denn?´ Die Schmerzen waren schlimm, erst die rechte Kopfhälfte, dann die linke. Dann ist die Ohnmacht gekommen. Das war das schlimmste. Eigentlich war´s schlimmer als im Krieg. Da ist man verwundet worden, hat Splitter abgekriegt, aber eine Ohnmacht kam nicht. Später stand die Schwester vor mir und die Ärztin. Die Ärztin hat gefragt: `Wer bin ich, was ist das? Was ist das?´ Ich konnte nicht antworten, hab keinen erkannt. Der Notarzt hat mir dann die Kabel angelegt und die Infusionen. Das hab ich schon gemerkt. Im Krankenhaus war´s schon besser, vielleicht haben sie mir da eine Befreiungsspritze gegeben. Jetzt ist´s wieder viel besser. Nur noch der Schwindel morgens. Ich hoffe, ich werde nicht blöd davon. Aber ich glaube, ich bin noch nicht blöd."

Die Kraniche des Ibikus

„Sieh da, sieh da, Timotheus,
die Kraniche des Ibikus!"-
Und finster plötzlich wird der Himmel
und über dem Theater hin
sieht man in schwärzlichtem Gewimmel
ein Kranichheer vorrüberziehn

Diese Worte aus der Ballade „Die Kraniche des Ibikus" von Friedrich Schiller kann ich auswendig und werde sie – da halte ich jede Wette- noch hersagen können, wenn ich selbst einmal alt und dement sein sollte. Beigebracht bekam ich sie von einer Dame, die jenes Schicksal schon ereilt hatte.
Fliegen heute die Kraniche des Ibikus durch meinen Sinn, muß ich schmunzeln, obwohl ich dabei an einen Menschen denke, den ich sehr gern hatte, und der nun lange tot ist. Hätte ich Bilder von allen, die ich mochte, und die nun nicht mehr sind, ich könnte damit ein Zimmer tapezieren. Am Sterben ist vieles traurig, aber nicht alles. Dies zeigt das Beispiel von Frau X, der einstigen Liebhaberin

von Schillers Balladen. Auch unser Pflegeheim ist nicht nur ein trauriger Ort. Leute wie Frau X bringen viel Leben hinein.

Das Langzeitgedächtnis ist von der Demenz am wenigsten betroffen, wie man weiß, und bei Frau X waren dort Sprüche abgespeichert, die fast so alt sein mußten, wie die Dame selbst (über 80). Sie konnte sie aber immer noch gut: „Es soll vorkommen, dass die Nachkommen mit dem Einkommen nicht auskommen." „Schmerz laß nach – der Doktor kommt." „Hilfe, Mord, mein Holzbein brennt." „Da wirst du alt wie 'ne Kuh und lernst immer noch dazu." „Irren ist menschlich sprach der Hahn und stieg von der Ente." – dies sind nur ein paar Kostproben aus ihrem großen Repertoir. Mindestens so lustig wie der Inhalt der Sprüche war die Art, wie sie's brachte. Ihre Augen blitzten dabei. Sie lachte gern. Sie wußte meistens nicht mehr, wo sie eigentlich war, vermochte trotzdem noch Antworten zu setzen, so trocken, dass es staubte.

Eines Tages nach dem Mittagessen – sie brauchte immer sehr lange, weil sie die Nahrungsaufnahme stets mit Kommentaren wie „jedem Böhnchen sein Tönchen" unterbrach – fragte die Schwester leicht genervt:

„Sind sie fertig?"

„Schon," gab sie ungerührt zurück, „aber Haare und Nägel wachsen noch." Einmal stürzte sie zu Boden, und während man sie noch sehr besorgt auf Verletzungen untersuchte, sah sie sich zu folgender Bemerkung genötigt:

„So, jetzt bin ich ein gefallenes Mädchen."

Ihre Standardsprüche aber wiederholte sie dauernd. Einer, den sie aus dem Keller ihrer Erinnerungen holte hatte, kam wieder und wieder von ihren Lippen, als sei sie eine tibetanische Gebetsmühle. Sie vergaß halt stets, dass sie es gerade schon einmal gesagt hatte. Besonders gerne rezitierte sie besagte sechs Zeilen aus Schillers Ballade. Sie war so stolz darauf, die noch zu können. Nachdem ich sie oft genug gehört hatte, konnte ich sie auch. Nun sprachen wir im Wechsel, sobald wir uns sahen: „Sieh da, sieh da Timotheus."

„Die Kraniche des Ibikus."

„Und finster plötzlich wird der Himmel."

Und so weiter. Eine eventuell anwesende dritte Person, die jene Zeilen nicht konnte, wurde von den Augen der Frau X angeblitzt und bekam das obligatorische „Ätsch" zu hören. Dies Nachwort war ihr mindestens ebenso wichtig, wie das ganze Gedicht.

Dies war zur Zeit vor der Blümschen Reform, als Pfleger manchmal tatsächlich noch Zeit für ihre Pfleglinge hatten. Da brachte ich einmal ein Gedichtbändchen mit und las Frau X die ganze Ballade von den Kranichen des Ibikus vor. Sie freute sich und fiel oft mit ein, weil sie in ihrer Jugend die ganze Ballade auswendig gekonnt hatte. Das Epos hat 164 Zeilen und viele altgriechische Wörter dazwischen, die aus deinen Zungenspitzen Zöpfe flechten können. Mein Respekt vor Frau X wuchs.

Dennoch hatte ich meinen Spaß an den Blödeleien mit ihr. Das ging etwa so:

„Sie, ich muß mal. Wo ist denn hier 'ne Toilette?"

„Folgen sie mir unauffällig!"

„Auch noch unauffällig. Da ist ja nu wirklich, - also hör mal."
Wenn wir beide gut in Form waren, machten wir, glaube ich, ganz brauchbares
Kabarett. Was wir dabei noch so von uns gaben, wird aber besser Geheimnis
bleiben.
Körperlich war Frau X für ihr Alter gut ihn Form. Dann aber kam der große
Schlag – genau genommen waren es mehrere Schlaganfälle. Nun lag sie im Bett,
war bald nur noch Haut und Knochen und wurde durch Sonde ernährt. Das war
traurig – sehr traurig. Noch viel trauriger aber wäre es gewesen, hätten wir nicht
ihre Sprüche gekannt. Die sprachen wir der stumm gewordenen Schlaganfall-
Patientin immer wieder vor. Irgendwann – es war ein großer Augenblick – kam
es wieder zurück. „Es soll vorkommen, daß die Nachkommen mit dem
Einkommen..." „...nicht auskommen."
Die „Kraniche des Ibikus" rezitierte ich ihr immer wieder. Sie nickte bald eifrig
dazu und manchmal war ihr blitzendes Augenlicht sogar noch da. Nach langer
Zeit kam flüsternd und mühsam das Ende aus ihrem Munde: „Ein...
Kranichheer... vorrüberziehn."
Während der schweren Zeit von Frau X wurde ich auf ein anderes Stockwerk
versetzt. Und dort war ich so eingespannt, dass ich viel zu schnell die vorigen
Schützlinge aus den Augen verlor. Erst als man mir sagte, es gehe mit Frau X zu
Ende, ging ich in ihr Zimmer und flüsterte ihr die „Kraniche des Ibikus" zu.
Tatsächlich war das Leuchten der Augen nicht ganz erloschen. Wahrscheinlich
hat sie ihren Lieblingstext noch mitbekommen. Ich sprach unsere sechs Zeilen
noch an mehreren Abenden, denn sie starb langsam und schwer.
Als es geschafft war, wohnte ich der Aussegnung bei. Ich fühlte mich seltsam
froh. Sollte sie mich am Ende wirklich noch gehört haben, konnte ich sie auf
ihrem schweren Weg ein wenig bereichern. Mehr wird einem Pfleger nie
gelingen. Das muß ihm klar sein.

Kühlschranktüren
Seit elf Jahren arbeite ich nun als Altenpfleger in einem Pflegeheim. Vielleicht
glaubt man nach vorliegender Lektüre, dass es tatsächlich Pfleger gibt, die alte
Menschen gern haben. Deshalb habe ich auch meine Arbeit, so hart sie ist,
immer gerne gemacht. Heute aber ertappe ich mich manchmal bei dem Wunsch,
an einem Fließband zu stehen und Kühlschranktüren einzusetzen. Alte Leute
machen nämlich Dinge, die seit Einführung der Pflegeversicherung ganz
ungebürlich sind: Sie zeigen sich leidend, wenn sie merken, dass Du vor Hektik
und Überforderung schier verrückt wirst, und manchmal nehmen sie Deine
Hand und sagen:'Bleib doch ein wenig bei mir.' Dazu, liebes Omilein, liebes
Opilein, bin ich doch viel zu teuer! Schlimme Kostenfaktoren seid ihr für die da
draußen. Von einer Kühlschranktür hat man solch eine freche Forderung nach
persönlicher Zuwendung noch nie gehört.
Eine Kühlschranktür gleicht der anderen, sie schweigen stets und passen somit
viel besser in unsere wundervolle Moderne, als alte Menschen. Deshalb ist's mit
Kühlschranktüren leichter als mit Alten.

Der Unterschied von Fließbandarbeit mit Kühlschranktüren und dem Umgang mit Pflegebedürftigen ist für unsere offenbar Gesellschaft intelektuell nicht mehr faßbar. Vor allem in die Gehirne der Verantwortlichen in Regierung, auf Ämtern und beim medizinischen Dienst paßt er nicht hinein.

Man sollte sich keinen Illusionen hingeben. Ich werde bei den Alten bleiben. Kühlschranktüren werden längst schon von Robotergreifarmen eingesetzt. Da braucht man keine Menschen mehr dazu. Zur Altenpflege nimmt man noch welche.

Jetzt hat mein Text eine gefährliche Dimension angenommen. Wenn die Behandlung von Kühlschranktüren und alter Menschen in den Köpfen der Bestimmenden die gleiche ist, könnte die Pflegekasse auf eine ekelhafte Idee kommen, die in Teilen Japans schon umgesetzt wird: Altenpflege durch Maschinen.

Ich stelle meine Worte dennoch in die Welt. Möglicherweise warnen sie noch zur rechten Zeit, und Ihr setzt Euch besser für Eure Alten ein. Denn eines ist klar, wenn Ihr es auch gerne vergeßt:

Ihr werdet auch alt.